THE FOLLOW-THROUGH FACTOR

执行力是训练出来的

决定你命运的关键力量

吉恩·海登◎著　　刘海青◎译

CNS PUBLISHING & MEDIA 中南出版传媒
湖南文艺出版社 HUNAN LITERATURE AND ART PUBLISHING HOUSE
博集天卷 CS-BOOKY

图书在版编目（CIP）数据

执行力是训练出来的 /（加）海登（Hayden,G.C.）著；刘海青译 . — 长沙：湖南文艺出版社，2012.1
书名原文：Follow–Through Factor
ISBN 978-7-5404-5250-6

Ⅰ . ①执… Ⅱ . ①海… ②刘… Ⅲ . ①成功心理—通俗读物 Ⅳ . ① B848.4-49

中国版本图书馆 CIP 数据核字（2011）第 240360 号

著作权合同登记号：图字 18-2011-511
上架建议：励志・成功心理学

执行力是训练出来的

作　　者：吉恩・海登
译　　者：刘海青
出 版 人：刘清华
责任编辑：丁丽丹　刘诗哲
监　　制：蔡明菲　潘　良
特约编辑：杨丽娜
版权支持：李彩萍
封面设计：Edward
版式设计：张丽娜
技术支持：利　锐
出版发行：湖南文艺出版社
（长沙市雨花区东二环一段 508 号　邮编：410014）
网　　址：www.hnwy.net
印　　刷：北京鹏润伟业印刷有限公司
经　　销：新华书店
开　　本：880mm × 1270mm　1/32
字　　数：210 千字
印　　张：8.5
版　　次：2012 年 1 月第 1 版
印　　次：2016 年 2 月第 8 次印刷
书　　号：ISBN 978-7-5404-5250-6
定　　价：28.00 元

质量监督电话：010-59096394
团购电话：010-59320018

目录

contents

The Follow-Through Factor

简　介 _001

执行力 _008

如何使用本书 _011

第一章　什么是执行力 _001

第二章　信心是靠自己建立起来的 _009

第三章　如何找寻最适合自己的工作 _017

第四章　让自己不再犹豫不决 _031

第五章　挖掘事业的核心价值 _041

第六章　怎样作出正确的选择 _055

第七章　别指望工作永远富有激情 _071

第八章　遭遇逆境如何坚持下去 _083

第九章　不要被恐惧束缚住手脚 _103

第十章　做善于分解目标的高效能人士 _119

目录

contents

The Follow-Through Factor

第十一章　如何在疲乏中保持战斗力 _137

第十二章　学会对自我进行投资 _153

第十三章　善用直觉，破除思维定式 _165

第十四章　塑造属于自己的执行力导师 _179

第十五章　如何战胜寂寞与厌倦 _197

第十六章　写给缺乏耐性的自己 _209

第十七章　拥有执行力的人永远不会失败 _225

后　记 _243

附录 1：人生箴言 _247

附录 2：个人备忘录精简版 _251

简 介

曾几何时，我一直认为，我是这个世界上最不可能以执行力为题写作一本专著的人。我特别不能坚定不移地追求自己的目标，还总能找到很多借口为自己辩护。

刚刚担任经济类刊物记者后不久，我便认为写作是真正适合我的职业。为了实现这一目标，我认为很有必要回学校再充充电，拿一个戏剧写作专业的硕士学位。但是，当我听说要达到硕士生入学资格，首先必须完成三个本科专业的课程，便很快打消了当剧作家的念头。对于我来说，这个目标似乎太遥远了。仅仅为了进入写作行业，便要付出如此艰辛的努力，实在太不划算了。

接着，上司让我负责澳大利亚和佛罗里达州的写作任务，我便决心成为一名专业旅游作家。然而，令我失望的是，关于外国风土人情的旅游稿件根本不是什么抢手货，很少有出版社愿意问津。为了每个月按时交上房租，我不得不硬着头皮游说旅游杂志编辑，推销自己的创作思路。但是，那个时候，一个名不见经传的旅游题材作家，投稿成功的概率只有 4% 左右。所以，这纯粹是一座独木桥，我为什么非要强迫自己这样做呢?

凭借自己长达十五年的文字记者工作经历，我成为一家公共关系公司的合伙人。于是，我开始尝试小说创作。然而，在这家公司，我只写过一份手稿，并以它为敲门砖，先后两次参加了高级创作计划。虽然难以启齿，但是我不得不承认，在参与这两次创作计划时，我都是虎头蛇尾，有始无终。不过，我总能找到充足的理由为自己开脱，例如，我没有写作时间，无力完成每周下达的交稿任务等。

这些有头无尾的经历足以让我汗颜，但是类似的故事还有几大箩筐，为了给自己留一点面子，我就不一一列举了。作为幽默专栏作家，正当事业蒸蒸日上时，我却突然失去了自信，担心哪位直言不讳的先生、女士站出来，质疑我的幽默天赋，告诉人们我根本没有幽默感。

有些人天生就像猎犬，有着坚韧不拔的品格。当他们抓住一根“骨头”，就绝对不会受其他东西的诱惑，轻易放弃。可惜，我不是这种人。如果你想知道我为什么这样评价自己，只需到我家的地下室看看，便会恍然大悟，大呼此言不虚。密密麻麻的蜘蛛网下面，躺着我从来没用过的椭圆健身杠铃；一架数码钢琴和从未打开包装的入门教程；一副一直没有组装的画架；一个装满各种资料的文件柜——写了一半的补贴申请报告，没有完成的手稿，没有开封的意大利语自学光盘，一些从未翻阅的换房、度假、旅游信息，等等。

事实上，我天生喜欢天马行空地想象，至于是否采取行动去实现它们，从来不是我所关心的问题。我童年的大部分时间都是在汽车里度过的，和妈妈一起驾车驰骋在欧洲的公路上。妈妈总是满怀希望地追逐自己的梦想，可惜一个都没有实现。开始时，姐姐坐在副驾驶座上，我坐在后排。我们一遍又一遍地穿越欧洲大陆，后来所有国家、城市、学校等记忆都在脑海中纠缠起来，就像高速旋转的陀螺越来越模糊不清。

少年时期的经历，很多细节已经淡忘。但是，有一件事是我永远不会忘怀的。每当我们抵达一个新城市，妈妈总是信心十足地描绘她未来的创业计划。例如，开办一所语言学校，创建一个旅游俱乐部，从事多语种翻译，为侨民办一份报纸，建一家影剧院，等。妈妈非常聪明、干练、美丽，可以熟练使用四国语言。我非常相信她的能力，认为无论她制订什么目标，一定能够实现。

妈妈的确能力非凡。无论我们移居哪个城市，她总能找到相当体面的工作。虽然她没有必要的资格证明，但那压根儿难不住她。尽管不能支付房东的末月房租押金，不能提供租赁担保人，但她总能找到舒适的公寓让我们居住。尽管我们连当地的语言都不会讲，但她总能让学校校长同意我们就读，虽说他们开始都十分勉强……

每次驾车移居一个新的城市，我都相信妈妈可以找到长期稳定的工作，停止漂泊。然而，两个月、三个月，甚至六个月以后，我们不得不再次上路，奔向下一个新城市。妈妈解释说，这里的环境太糟糕，没有她发展需要的空间。每次，我都完全相信她的说法。不过，坐在前排的姐姐总是掉过头来，冲我挤眉弄眼，希望和我成为同盟，一起反驳妈妈的理由。但是，她的这一努力从来没有奏效过。姐姐不能理解妈妈遭遇的困难，我可以。如果当地人对妈妈用英语讲授的西班牙十字绣课程不感兴趣，这并不是她的错。我想，她的确无法预测是否能遇到合适的介绍人，将她介绍给雅典的外国侨民。

我十三岁时，姐姐不得不回我们老家蒙特利尔上大学，我的地位也相应提升，从后座转到了副驾驶的位置。然而，当我无数个小时盯着前面永无尽头的路面时，我的观点发生了重大变化。我看到前面那么多路，而且很多相互交叉。我也注意到，妈妈一遍又一遍地讲述自己将如何如何做，或者如何如何执行自己的计划，只是同一个理由的不同版本而已。对于她的讲述，我必须作出独立的判断。我应该明白，无论妈妈的想法多么出色，只要她不能或者不愿意想办法真正实施，再完美的想法也像沙漠中的风滚草一样飘浮不定，绝对不会扎根生长。当然，我也可以继续像以往一样相信她的话，认为只不过是时机未到，总有一天，她会遇到非常完美的环境，实现所有的梦想。

马路天使般的生活常常伴随着可怕的孤独。妈妈是我唯一的伙伴，所以我不能疏远她，必须与她一起声讨那些可恶的障碍，它们让妈妈的计划一次次成为泡影。此外，我还必须不断地帮她看地图，寻找她心目中的翡翠之城（Emerald City）。

最后，我也像姐姐那样离开副驾驶座位，回到了加拿大。我搭乘飞机从法国尼斯飞往蒙特利尔。登上飞机之后，我透过窗户看到妈妈正开着车从停车场离去，前往意大利。于是，我举起手，将食指和中指交叉，为她祝福。妈妈从来没有停止过追逐彩虹的梦想。

登上那架飞机之后又过了二十七年，妈妈以八十四岁的高龄去世。她的钱包里还有一张飞往澳大利亚悉尼的机票和在悉尼为独行侠建设一个网络的计划。

我进入了新闻界，并以此为生，这样我就可以继续从事自己最拿手的事情——漫游世界。很长时间以来，我都在世界各地旅行，采访各行各业的成功人士。说实话，这些人使我愤愤不平，甚至可以说非常恼怒。为什么幸运之神就那么眷顾他们，对我的母亲却那么残酷？他们到底有什么我母亲所没有的优势呢？

当我二十刚出头时，我认为非常出色的人肯定具有某些特殊的、一般人所没有的天赋，才能让他们与我们这些普普通通的人区分开来。但是，这种神秘感很快就在我的脑海中消失了。我很快认识到，我采访的很多成功人士其实并不是非常聪明、非常具有创造性、非常大胆，或者非常非常优秀的人。甚至，很多人承认，在才能、智慧、完美、创造力方面，他们从来没有达到过很高的水平。我不免在想，他们到底有什么过人之处，其他人也有同样的发展空间，结果除了失败还是失败。这到底是为什么呢？

当然，一些人确实相较其他人具有某些优势。在我采访的对象中，有不少人确实有着相当优越的条件，使他们更容易成功。这些人包括那些天生具有艺术天赋或者想象力特别丰富的人——身体条件很好的运动员，家庭出身非常显赫，所以他们的机会也相对较多。但是，在我采访的成百上千名成功人士当中，这些天生就带有中奖基因的人只占其中很小的一个比例。绝大多数都属于普通人，和我们大家一样有着同样的烦恼和障碍。

所以，我越来越渴望弄清楚，为什么有的人能够实现自己的目标，而另外一些人，虽然也有同样的天赋和愿望，即使终日在公路上奔波行使，却永远赶不到自己的目的地。

多年来，我研读了无数本潜能开发书籍，参加了无数场世界各地著名专家的激励演讲和研讨会，了解他们对这个问题的观点。如果概括一下，这些专家认为，成功的秘诀无外乎信念、执著、专注、勇气、激情和决心。如果你对这些观点不甚了解，你可能认为要接手一个新工程或者创办一个新企业，你就必须是一个披着红色披风、穿着斯潘德克斯紧身衣的超人。但是，就我对数百名成功人士的采访经验来看，事实并非如此。

在职业生涯的前半段，我就像小孩子玩“跳房子”游戏一样，不断地从一个工作跳到另外一个工作。虽然我更换工作的速度不像妈妈更换居住城市那样频繁，但是我的确继承了她躁动不安的性格。这种性格只给我带来了一个好处。我曾做过几年加拿大全国性杂志——《人物》周刊的编辑，之前还做过一个全国性音乐杂志的编辑。此外，我还在北美和欧洲为各种各样的经济出版物和其他类型出版物工作了十多年。一连串不同的工作经历，让我有机会密切接触了大量不同类型的成功人士，他们面临各种各样复杂的挑战，都经历过成功—失败—再成功的复杂经历。

在采访这些成功人士时，我一直注意有选择地提问，了解他们到底与我的母亲、同事、邻居，乃至我本人有哪些不同。但是，几乎每一次采访我都发现，他们其实和我们没有什么太大的区别。很多成功人士都承认，他们并非一直非常喜欢自己目前的工作。还有一些成功人士告诉我，他们并没有什么野心，不会为了成功甘愿冒和鲨鱼一起游泳一样的风险。我采访的数百名成功人士都曾遭受过恐惧和怀疑的煎熬，但是他们仍然坚韧不拔地努力前行，终于登上了个人事业的顶峰。很多人还告诉我，其实在本质上他们并非总是精力充沛，有着过人的洞察力或者特别坚定的意志。一位成功的剧场老板告诉我："其实我不想让人们知道，虽然我这颗脑袋每次理发都要花去上百美元，可里面充满了怯懦和无知。然而，我还是最终创办了自己的影剧院公司。"

后来，我又换了一份工作，加入了一家公关公司。这家公司的工作是提供产品宣传，使之家喻户晓；提高在公共媒体上的知名度，将企业打造为业界明星等。在此期间，我继续注意调查那些清谈家与实干家之间的区别。不过，我已经把工作重点从专门搜集成功人士资料过渡到了帮助普通人获得成功这个新目标上。具体来说，就是手把手地指导客户，让他们按照我所设计的发展策略循序渐进地给自己定位，让自己的产品成为业界领导性品牌。成为职业规划导师以后，我就可以将自己多年来搜集的成功人士经验融会贯通起来，针对性地运用于具体的客户对象。

执行力

当我找到了在任何环境和任何条件下都能取得成功的答案后，我多么希望时光能够倒流，多么希望能够重新坐进妈妈驾驶的汽车里，在副驾驶座位上向她讲述自己的发现。但是，一切都太晚了。然而，值得安慰的是，我可以利用自己丰富的经验和难得的发现帮助其他人，指导他们获得成功。

于是，我开始帮助客户分析他们的发展目标，和他们一起制订切实可行的行动计划，指导他们战胜环境障碍和心理疑虑，搬除实现目标的绊脚石，赢得自我与现实之间的人生对抗赛。到我开始写作本书时，我已经和数千家企业的管理团队进行过一对一合作，通过培训或者会议演讲的方式指导它们走向成功。多年来，我倾听过无数不同年龄段、不同生活背景的人们向我详细讲述他们的计划和抱负，最终我发现所有人寻找的都是同一个东西：前进动力（momentum）。

虽然每个人都有自己具体的奋斗目标，但是对美好未来的憧憬和追求不断进步的心理都是一样的。简单来说，停滞不前对于个人和事业都是十分讨厌的事情。更为糟糕的是，当别人自豪地讲述自己如何历尽磨难终创辉煌的人生故事时，我们却为庸庸碌碌一事无成而感到羞愧难当。

事实上，很多人一生确实是停滞不前的，或者说是在原地转圈，不过结果都是一事无成。之所以会出现这种现象，并不是因为他们愿意这样做，而是因为他们不知道如何正确地处理通往成功之路上的各种现实障碍。主持培训工作时，我总是首先询问学员，他们是否有过以种种借口放弃追求理想的经历。无一例外，所有学员都会点头称是。

诚然，在追求美好理想的过程中，我们肯定会遇到困难，甚至是难以逾越的困难。所以，当人们遇到特别巨大的障碍不得不退回到起点时，很多人会认为情有可原。但是，那些成功人士是不会退缩的。相反，无论遇到什么问题，他们都会想方设法地找出解决办法。我多年的研究证明，其实大部分成功人士在信心、资金、知识、时间等方面和我们并没有太大的差别。那么，他们到底是怎么成功的呢？他们确实有某种特别的品质，我将它称之为“执行力”（follow-through factor）。这个品质是实干家和梦想家的唯一区别。

执行力是为了实现个人理想和个人目标，你与自己达成的一种内心约定。这种约定是一种坚定不移的自我承诺，为了实现它，你愿意付出任何代价。那些拥有执行力的人认为，一旦作出了自我承诺，无论遭遇多么巨大的困难，他们都会坚持不懈，不达目的誓不罢休。

一旦你与自己作出了执行力约定，就是开弓没有回头箭，只能勇往直前。于是，消除前进道路上的障碍成了你义不容辞的责任。当然，你也可以撕毁你和自己签署的约定，让现实决定你的命运，不过你必须承受由此产生的失望和挫折。在这一点上，让讨价还价的心理占上风就会减少自己的痛苦，尽管作出这一选择时你可能要经历激烈的思想斗争和痛苦的煎熬，但是最终很多人还是选择了放弃。就我个人的经历来说，尽管要做的事情很多，但是我仍然选择了戏剧培训课程；尽管会遭受拒绝，但是我仍然选择了旅游题材写作。因为，所有这些都更容易做到，让我遭遇的挫折和失望更少。于是，我一遍又一遍地放弃了向更高层次努力的尝试，选择了更加容易做的工作。

和任何人一样，为了实现自己的理想，那些具有执行力的人所走的道路同样困难重重，布满了障碍。唯一的不同就在于，他们不认为什么问题能够阻碍他们实施自己所定下的承诺。事实上，任何人都可以拥有执行力，关键在于你是否愿意兑现自己的承诺，让现在的你变得更加优秀。

如何使用本书

在本书中，你会发现那些甘愿冒风险追求自己的理想的人是如何思考的。你可以看到，当他们面临那些曾经让很多人在追求目标过程中裹足不前的障碍和疑虑时，他们是如何默默鼓励自己奋力前行的。你可以了解很多实用的、经过很多人验证有效的策略和方法，制订并实施你自己的奋斗目标。

人们都怀有实现理想的良好愿望，不过在追求理想的道路上存在着很多困难和障碍，所以我们就会常常听到人们说“但是……”：我确实想坚持前行，但是……我没有时间，没有资金，没有力量，没有知识，没有耐心，没有勇气，没有激情，没有帮助，没有信心，等等。本书的每一章会专门讨论一个阻碍人们成功的所谓“但是”问题，你会发现那些具有执行力的人是如何消灭每一个障碍的。

在你向着自己设定的目标奋力前行的过程中，你会发现你所面临的障碍也在不断地变化着。比如，当你采取措施克制了自己不耐心的毛病以后，正在快步向着自己的目标前进时，一头撞见了另外一个巨大的障碍——对失败的恐惧感。类似的情况还有很多。你可以有针对性地选择不同的章节内容和解决方法，处理自己不同阶段遇到的具体问题。但是，我建议大家首先应该阅读前四章，这部分内容主要解释执行力这个概念，帮助你判断自己的思想是否是正确的。本书每一章的结尾都有一个关于执行力的概括性信息卡，帮助大家快速了解成功人士利用哪些策略防止自己半途而废。

全书还穿插了一些“个人备忘录”。这些备忘录都是一些有益的建设性意见，当你在前进道路上遭遇障碍时，有人可能出于好心建议你原路返回甚至逃避，你可以利用这些备忘录处理他们提出的批评。你可以在那些告诉你应该务实、理智和安全的人当中，具体区分出持怀疑态度的朋友、爱唱反调的亲属、冷嘲热讽的同事等等不同类型的人。但是，对你影响最大的应该是来自自身的怀疑和批评。你可以把“个人备忘录”当成否定言论的消音器。

执行力具有非常有效的作用。它可以让你停止怀疑，大胆行动，直至成功。我这样说是有充足证据的。我曾经见证过数百名客户利用本书所讲的理念和策略从充满怀疑到信心百倍再到成功实现目标的全过程。和我的客户一样，我也学会了不再将自己的个人爱好和个人理想贬斥到地下室，改掉了惯性拖延的坏习惯。

执行力是否可以结束我和妈妈原来像陀螺一样总是原地打转的人生呢？我认为完全可以。理想的实现程度是与你兑现个人承诺的程度成正比的。如果我和妈妈当时知道，她之所以不能实现自己的理想，不是因为困难太多，而是因为她没有履行自己的承诺。假如她当时具备了执行力，我们就可以远离无数失望，甚至更现实一点儿说，还可以节省不少汽油费。

我希望，你能许下自己的诺言，利用执行力将自己的思想和理想变为现实。只有这样，你就会勇往直前，创造一个又一个绚丽的成功故事，使你的人生价值得到最充分的体现。在这个过程中，将再也不会出现令人讨厌的“但是”。

当他们遭遇挫折，没有实现预期目标时，绝对不会承认失败的原因可以归结为一个简单的词——执行力（follow-through）。

Chapter 1 第一章 什么是执行力

The Follow-Through Factor

执行力是一种自愿选择，有时还给人留下十分头疼、造成时间浪费的假象。既然是一种可有可无的自愿选择，执行力本身对人们并没有多大的吸引力。如果实施这种精神，你就必须付出信念和努力。如果不选择这样做，也没人介意，甚至没人察觉到。而且，你完全可以相信，当你走进一个房间时，不会有人在你背后指手画脚，指责你没有尽力而导致了失败。当然，也不会有人满心欢喜地跳起来拍着你的背以示庆贺。不过，即便如此，人们还会一如既往地邀请你参加会议和宴会，你几乎什么损失都没有。

然而，这正是执行力的悲哀。对于那些没有实施执行力的人来说，最坏的事情就是没有任何负面的事情发生。生活还照常进行，什么不良影响也没有出现。就像爱的对面不一定是恨而可能是冷漠一样，成功的对面也不一定就是失败，这就是现实。而且，很多人认为这没有什么不好。然而，对于那些具有更高人生抱负的人来说，没有什么不好的观点是一种狗屁逻辑，是绝对不能让他们满意的。

在本书中，我将为大家分析那些被人们认为不错、实际却大错特错的做法和观点。大多数人都认为自己拥有足够的执行力。所以，当他们遭遇挫折，没有实现预期目标时，绝对不会承认失败的原因可以归结为一个简单的词——执行力（follow-through）。当我们痛定思痛，分析导致失败的各种原因时，很多人甚至不会想到将执行力列为原因之一，他们认为自己已经很尽力了。我们完成了自己的工作任务；我们实现了自己的工作目标；我们完成了工作报告，制订了休假计划，文件柜也整理得井井有条。或许，在他们看来，强迫自己实施可有可无的执行力有点过于苛求。我们之中很多人曾经在家里安装过宜家家具（IKEA），并认为它们已经足够好了，有什么理由非要强迫自己购置或者制作更高质量的产品呢？

就像我们总是高估自己的驾驶技能一样（但是，你有没有真正做到在每一个停车标志前按要求停车三秒钟呢？），大部分人也都高估了自己的执行力水平。究其原因，主要是人们没有正确理解执行力这个概念。与大多数人的认识相反，执行力与实施力根本不是同一个概念。进一步来说，与执行相比，实施就像在公园里散步那样轻松简单。

执行力不需要好运辅佐

（当然，运气好也不是什么坏事）

剧作家田纳西·威廉姆斯（Tennessee Williams）说：“所谓运气，就是你认为自己是幸运的。”当你认为机会就在身边时，你就会甘愿冒险采取必要的行动抓住这些机会。最终，每一次冒险都会带来回报，这纯粹是一个数字游戏。你可以花数千美元到国内另外一个地方参加一个会议，但是很有可能不会结识有价值的联系人或者遇到自己的终身伴侣。然而，只要你持续不断地参加各种活动，你就可以不断扩大自己的人际关系网络。当你最后遇到贵人相助实现人生理想时，起作用的并不是运气，而是你承担一系列风险后的必然结果。

我的客户亚当（Adam）并不认同运气就是冒险的必然结果的观点，他认为运气就像在人头攒动的商业街上寻找完美的停车位一样，是一种主观上无力左右的事情。他还认为，要成功就需要这样的天降之福。虽然他很敬业，并有丰富的专业知识，但是一直很难发展自己的会计业务。此时，他把失败归结为自己“运气不佳”。他说，虽然他与现有客户关系都很牢靠，但是对方就是不向他提供更多业务或者推荐更多客户。于是，他得出结论，认为自己之所以失败是因为不善于主动推销自己。因此，那些有额外业务的客户选择了他人，而不是与他继续合作。

在我们第一次见面会谈时，亚当说：“我在自己的专业领域很有天赋。我的工作非常出色，收费也很优惠。所以，客户的业务联系电话应该应接不暇才对。但是，事实正好相反。”

“那么，你有什么进一步的执行计划吗？”我问。

“我的计划就是首先把自己手头的工作做好。这样，一个出色的工作必然会带来另外一个出色的工作。我已经证明了自己的工作质量和工作能力。我想，这就足够了。”

“但是，请恕我直言，光有才能是不够的，那些烙牛肉饼的人当中也有很多有才能的人。”我提醒道。

亚当耸耸肩，无奈地说：“唉，很多有才能的人就是怀才不遇啊。”

其实，应该说，他们自认为怀才不遇才对。

对于亚当来说，他不好意思要求客户给他提供更多的业务或者更多的合作推荐。虽然他非常渴望增加收入，但是又担心这样做让客户知道他业务不足而感到难堪。所以，他便告诉自己，只要他认真做好工作，业务自然而然就会多起来。这种做法根本不是执行力的体现，而是一相情愿的祈祷罢了。

事实上，很多人错误地认为，只要我们做好本职工作，回报就会自然而然地出现。然而，如果现实的确如此，那么每一个拥有优秀网站的人早就发达了。在我采访的人当中，有太多的人投入了大量时间希望建设一个极为优秀的网站，试图借此推动自己的业务发展。他们会花去数月的时间修改网页文字、图案设计和下拉式菜单、优化浏览路径等等。他们在网站建设和修饰中所投入的时间，足够你重新翻修一座三层楼的别墅了。然而，当他们终于大功告成时，网站如待嫁新娘般打扮得花枝招展，但是就是不见情郎光临。

有时我们就是自己最可怕的敌人。我们都相信电影《梦幻之地》

（*Field of Dreams*）中的那句经典台词："你建好了，他们就会来。"听起来，这似乎是一个不错的想法，但是涉及商业计划，它真的没有什么实际价值。偏偏很多人相信这一观点，所以他们拼命地建造自己的梦幻之地。当建成之后无人光顾时，我们只能沮丧地告诉自己，人们肯定是发现了比这更好的去处。当我们在聚会中百无聊赖地独处时，总认为参加另外一个聚会的人们玩得都非常开心。我们对于工作的热情总是消失得飞快，就像对待一盘刚刚端上桌的热气腾腾的肉丸，一点没动便凉了，于是我们更没有胃口吃了。事实上，人们之所以没有跨进我们的门槛，排成长队与我们一起跳康加舞（译者：每一个人将双手搭在前面一个人双肩上排成长队的简单欢庆舞蹈，这里比喻顾客盈门的景象）的真正原因是，我们没有走出门将他们拉进来。下面的建议可能缺乏新意，但是非常有效："当你建好了自己的梦幻之地以后，还要想方设法让人们光顾。"

如果没有执行力，虽然你可以起草工作计划，租赁办公场地，印刷业务名片，购买最新的设备，设计最优秀的网站，但是等待你的只能是失败。你可以一次次召开会议讨论业务改进计划，但是如果没有执行力，什么效果都不会产生。你可以花上几个月的时间研究意大利的换房度假计划（home exchange），但是如果你从不踏上意大利的土地，那又有什么实际意义呢？

在上面那个案例中，亚当已经走到了悬崖边缘，所以他只能冒险一搏。他把自己所有的担心全部抛弃，实施了一个大胆的行动计划，可以明确地（当然也更不舒服地）寻求新的业务。他开始实施更加积极的销售策略，进行了经营思想的大胆转变，将自己的一部分积蓄拿出来进行广告宣传。他与另外一个人联合起来共同发展事业。一年以后，当他们停止合作后，他又聘请了一名员工。这名员工懂得计算机编程，有效地帮助他以前所未有的多样化方式发展自己的业务。最后，他们开发出了一个专门针对特定客户的业务软件，并且非常受欢迎。

如果亚当没有抛弃过去患得患失的心态，他就不可能以极大的勇气实施创新，也就不可能取得现在的成绩。无论遇到什么困难，他都必须设法解决，除了尝试并承受失败以外，他别无选择。

所以，问题的根本是，你必须利用执行力让环境为你服务。你可以把自己的思想当成一辆漂亮的自行车。虽然你非常喜欢它，不断擦拭，不断维修保养，一遍又一遍地转动车轮，确保它们处于良好的运行状态，但是如果你希望这辆自行车带你去某个地方，你必须骑上它，然后用力往前蹬。执行力就是这样的一个骑行过程，它可以使你和自行车焕发出新的生机和活力。在骑行过程中，你可能不止一次地摔倒，爬坡上山可能非常吃力，顺坡下山可能非常危险。你还可能遇到一些无法逾越的障碍，不得不绕路行驶。但是，有两件事是可以肯定的：其一，你将越来越靠近自己希望的目标；其二，当你往前蹬时，你有时会产生一种“飞翔”的感觉。

提示卡

● 对于缺乏执行力的人来说，即便最糟糕的情况也不会对他们产生什么不良影响。的确如此，什么都不会发生。生活还一如既往地前行。但是，对于那些有着崇高抱负的人来说，执行力是他们赖以进步与成功的根本要素。

● 执行过程是一个行动计划的核心组成部分，但是它只能让你来到通往成功殿堂的门口。为了实现理想，你不能完全指望好运从天而降。你必须做好充分准备，不断前行，即使不知道未来会遇到什么风险和障碍，也无所畏惧。

● 虽然你不清楚前进道路上会遇到什么障碍，甚至可能还会有很多弯路，但是可以确定的是，只要坚持下去，你就一定能够成功。

什么动力才能让你越过这道障碍呢？
动力有两个：自信和更多的自信。

Chapter 2 第二章 信心是靠自己建立起来的

The Follow-Through Factor

执行力可以看成一条心路历程，虽然你不能完全确定它有哪些沟沟坎坎，但是仍然决心走下去。当你站在旅程的起点，漫漫长路看上去无休无止，心中不免闪过一丝忧虑，担心自己犯下致命的错误。如果你不能实现自己的目标，如果你有非常优秀的想法并计划付诸实施，但是刚刚走了三步之遥，很多人便议论纷纷，甚至在背后暗算，你该怎么办？

当然，你完全可以放弃执行力，放弃自己的新目标，然后沿着无数人走过并证明可行的道路走下去；你也可以像过去那样对他人的劝告不予理睬，义无反顾地出发。那么，在这种情况下，什么动力才能让你越过这道障碍呢？只有自信和更多的自信。

为了实现成功，我们必须具有充分的自信，这已经是众所周知的道理了。我们知道，信心具有十分强大的力量，这也就是为什么很多人会躲在卫生间里面，站在镜子前面为自己鼓舞士气。我们之中有谁没有这样做过——对着镜子中的自己大声说“我真的很优秀”？不过，躲在卫生间，挥舞着牙刷为自己打气，觉得自己就像一个征服者一样是一回事；真正打开门，面对现实，毅然决然地跨越所有障碍，向世界证明自己的才能却是另外一回事。那种能够抵御他人质疑，不为等在卫生间外面的困难所吓倒的信心，并不是仅仅面对着镜子对自己眨眨眼、做做心理暗示就能建立起来的。信心是以你内心深处的强大信仰所支撑的。

要建立信心，你首先必须拥有强大的信仰。关于这一点，历史上的很多智者先贤早就有过充分的论述，例如《圣经》里面说："有了信仰，你就会拥有自信。"为了解释这个观点，我们可以多作一些比喻。信仰就像拉车的马匹，信仰就像孕育种子的土壤，信仰就像供肌肉生长的蛋白质。类似的比喻还有很多，不过它们都会引出同一个问题：如何才能获得强大的信仰呢？

为了寻找这个问题的答案，我采访了很多专家学者。我咨询过牧师、禅宗大师、佛学家、哲学家，以及其他方面的权威人士。但是，令我失望的是，没有一个人能够提供一种简便易行的行动指南，可以让人们顺利地获得信仰，改变自己的命运。他们最擅长的是告诉人们信仰是什么，不是什么。下面是我对这些智者关于信仰不是什么的一个总结：

信仰不是一相情愿的希望

买了彩票以后，你可以把彩票每天放在额头上祈祷三次自己希望中奖的金额，但是即便如此也不会确保你中奖。现在你完全可以将祈祷时交叉在一起的所有手指、脚趾松开，以及睁开合着的眼睛，单纯的祈祷一点用处都没有。要想实现一个愿望，根本不是这样的做法。让它见鬼去吧。

信仰不是盲目的追求

如果你经常在晚宴上舌头打结说不出话来，或者午夜时分才能变得幽默起来，那么你肯定不会成为大卫·莱特曼（David Letterman）第二，成功地主持脱口秀节目。如果某个职位要求申请者具备法学学位，但是你认为这无关紧要，那么我奉劝你还是不要辞职，现在的工作可能更适合你。

信仰不是希望神力相助

信仰不是无所事事地玩网络纸牌游戏或者用火柴棍搭建埃菲尔铁塔的同时，希望神灵从天而降，帮你拥有一切。对于那些整天检查自己的电子邮件或者手机短信，凭空希望好运连连的人，这一解释可能是对他们最残忍的打击。

那么，信仰到底是什么呢？

信仰是相信具有现实可能性的东西。

信仰是相信你的目标是具有现实意义的，是可以实现的。当然，目前你可能缺乏必要的知识，需要进一步强化自己的技能，但是单从你的核心素质来说，你相信自己有能力实现理想。你知道自己的计划是切实可行的，是绝对现实的，是在自己的控制范围之内的，经过努力完全可以做到。

信仰是相信你正在做的事情是正确的

可以肯定的是，不论具体结果如何，最终你的信念和努力一定可以给你带来积极的回报。对于现在的你和将来的你来说，你所追求的目标是最好的现实选择。

当你充满自信时，你无须向他人证明将来一定会怎么样，也无须一定确保他人的支持。推动你实施执行力的信仰并不是建立在确定性基础之上的，甚至也不一定是建立在希望之上的。那些拥有执行力的人表示，让他们一直不断前行的只是一种坚定不移的感觉，认为自己做的事情是正确的，或者从某种程度上来说他们更喜欢自己将来的样子。他们说，虽然在前进道路上遇到障碍很不舒服，但是他们不会放弃，因为经过努力绕过障碍继续前行的快乐能够让他们获得更大的满足。换言之，信仰可以确保个人目标的实现。

信念是执行力最本质的东西，是它的DNA。在追求目标的过程中，如果你坚信自己正在做的事情是正确的，你就拥有了一股势不可当的力量。但是，关键是你的信念必须是由衷的，发自内心深处的真实感受。也就是说，虽然在日常生活中我们常常掩饰自己，做出很多虚假的举动。例如，出于礼貌，我们可能对朋友一个枯燥无味的玩笑狂笑不止。然而，对于自己的信念，我们绝对不能存在一丝一毫的欺骗。如果你内心深处非常不情愿，你是不可能让自己真正相信并决心实现某些目标的。你不可能在内心暗暗希望自己的计划莫名其妙地化为泡影的同时欺骗自己——假装对这个计划兴趣盎然，并采取必要的行动。

你不能对自己的信念撒谎，因为信念是一种力量之源，是最真挚的情感。如果你追求某个目标的唯一原因是它最容易做到，那么你就会失去信念的强大支撑。你也不可能认为，这是真正正确的选择。如果没有这种感觉，你甚至连一个小土包都不能跨越，更不要说翻越挡住前进之路的巍巍大山了。如果缺乏真实意愿，你一定不可能兑现自己的承诺。

个人备忘录

有人可能告诉你，他们比你自己更了解你。这是不可能的。同事们可能怂恿你接受一个任务，因为他们“知道”这样你可以多挣钱，于是你会乐呵呵地接收。朋友们可能会规劝你不要参加某项计划，因为他们“知道”这会让你筋疲力尽。他们的确对你有着某些认识，他们会知道你应该想要什么或者如何感受，但是只有你本人才真正知道什么让你欢喜、让你忧。请注意，我们这里使用的是“应该”这个词，它常常导致空洞无益的行动。我们之所以说会导致“空洞”的行动，是因为它们对于我们来说，根本没有任何实际意义。

信念的考验

为了判断你的信念是否是真实的，我所咨询的牧师以及其他思想导师都建议，我们对这些信念进行彻底验证。请询问自己："我的信念是否理由充足？"我惊讶地发现，这竟然是一道年终考试题。在我看来，这些贤能之士似乎要求人们提前拿出证明自己成功的证据。他们让我大彻大悟。

他们指出，信念实际就是你和自己达成的一种关系。任何一个良好的关系都是建立在信任和信心的基础之上的。从执行力角度来讲，信念就是你和自己之间的一种联系。你相信自己正在做的事情是正确的，你相信自己有能力实现自己的目标，因为这对你来说很重要。所以，"我的信念是否理由充足"这个问题实际上是促使你思考对你来说什么是重要的。在追求目标的过程中，你是否体现了真实的自我?

如果你追求的目标不能进一步提升对你来说重要的价值或者理念，那么你就不会真正拥有自己的信任和信心，而这些又是实现目标所不可或缺的前提条件。你是否拥有帮助你度过风风雨雨的必要信念？你是否认为自己正在从事的工作是有价值的？如果不是，那么你前进的动力可能是某种需求，例如获取名望或者金钱的需求。

"需求"有一个致命的缺点——它需要太多的"香水"为自己作掩护。我们需要给"需求"长时间喷洒大量"香水"，例如虚假的乐观心态、兴趣、热诚等，才能掩盖自己真实的欲望。即便如此，我们也不能欺骗任何人。我们钦佩那些有信仰的人。我们都讨厌贪婪无度的人，一旦发现了这种人，我们会以最快的速度离开他们。

电视上泛滥成灾的选秀活动充分说明了这个道理。在试演阶段，评委们很容易发现那些缺乏信念的选手。西蒙·考威尔（Simon Cowell，美国歌坛选秀之父）在《美国偶像》（American Idol）歌手选秀活动中曾经一针见血地指出，这些人在浪费我们的时间。信念可以给人留下深刻的印象；没有信念的空洞行为只能让我们感到厌烦。

采访任何一个获得了某种成就的人，他们都会不约而同地表示：你必须真正渴望实现自己的目标。也就是说，获得成功的动力不是需求，而是渴望。如果你追求目标的信念不是出于义务，不会让你感到恐惧，而是让你有一种充电的感觉，那么你一秒钟都不会耽误，马上就会投入行动。你非常渴望看到自己目标的实现。当你拥有了这种感受，你就有了信念。一旦你拥有了信念，你就会非常相信自己的执行能力。

提示卡

- 信念是执行力的 DNA。信念是你与自己达成的一种关系，像所有良好的关系一样，它必须建立在信任和信心的基础之上。
- 如果除了希望通过新尝试改善和提高自己之外别无其他原因，你至少需要相信自己所追求的目标是有价值的，是你正确的选择。
- 你必须有信心，相信自己的目标一定能够实现，尽管你可能首先掌握一些新技能，或者在实施过程中不得不绕过某些障碍，但是你的理想最终肯定能够实现。
- 在培养执行力所需要的信念过程中，你无须保证自己一定成功；只需感到在追求目标的过程中，问心无愧地履行了自己的承诺就足够了。

虽然面临执行力挑战，某些人仍然不敢越雷池一步，完全因循守旧的原因，是因为他们不明白，走一条他人从未走过的道路可以使自己获得巨大的成功。

Chapter 3 第三章 如何找寻最适合自己的工作

The Follow-Through Factor

我们可以肯定地说，在追求目标的过程中，如果每个人都相信自己是正确的，那么所有人都会毫不迟疑地开始行动，并在前进道路上相互鼓励、相互促进。很多人之所以安于现状，并不是因为他们日复一日地重复做着同样的事情能够给他们带来多少快乐。虽然面临执行力挑战，某些人仍然不敢越雷池一步，完全因循守旧的原因，是因为他们不明白，走一条他人从未走过的道路可以使自己获得巨大的成功。

当吉尔第一次到我办公室与我会谈时，她很爽快地从皮包中拿出了一大堆文件，然后放在桌面上，信心十足地介绍起自己来。

她自豪地说："在这些文件中，你会发现我的奋斗经历和探索过程。"

她拿出的文件实在太多了，就好像一个人整理文件柜时将所有东西都摆放在了桌面上一样。

吉尔是一个从事市场研究的经理人，五年来一直考虑开办自己的公司。她与我联系的目的，就是希望让我帮助她判断她的决定是否正确。我本人不擅长条理，从来不喜欢整理文件，于是我把吉尔的文件收集起来，然后小心翼翼地放在她的腿上。

“你能不能拣一些重要的给我讲一讲？”我充满期待地说。

于是，吉尔开始翻阅自己带来的几十份文件，都是这几年来她编写的个人履历和测验报告。查找了一阵之后，吉尔拿出了一些考试成绩单和性格分析资料，大概认为这些可以证明她将来适合从事什么事业。

我想，吉尔可能希望在下个世纪来临之前获得一个答案。于是，我打断她的查找过程问道：“在日常工作中，你都喜欢做什么？”

这是一个十分简单的问题，但是非常有效。

那些具有执行力的人们都表示，这个问题能够更快更好地让我们抓住事物的本质。它没有询问你想要什么或者不想要什么。它没有询问你希望得到什么或者不希望得到什么。相反，它就像一束激光一样，聚焦在那些你喜欢花时间从事的工作上。

吉尔讲了一大串她喜欢做的事情，例如与人交流，为民意测验设计问卷调查分析数据，等。她一边说，我一边把相关要点写在了一块白色写字板上。

然后，我又向她提出了一个更加简单的进阶问题。不过，这个问题常常让被询问者感到迷茫，甚至有些不快。至少，当一位执行力专家第一次向我提出这个问题时，我是这样感受的。对于吉尔也是一样。

我开始针对写字板上的第一个要点提问：“你为什么喜欢和人交

流呢？”

“我们所有人都爱和别人交流，不是吗？”吉尔有点不耐烦地回答道。我明显感到，她想收拾起自己的卷宗，准备找另外一个顾问讨论自己的问题了。“难道我们不是社会性动物吗？”

不过，我并没有受她的影响，没有离开正题，并告诉她最近参加一个婚礼时，我旁边的两个客人一言不发。相反，我重新组织了一下语言，再次向她提出这个问题，让她明白这是一个相当有效的工具，可以深入分析她为什么喜欢和人交流。“就你的工作来说，你喜欢和人们进行什么类型的交流呢？”

吉尔若有所思地说：“我希望了解人们的想法，他们对于一个产品或者服务的观点如何。我感觉自己就像一个侦探一样，试图弄清楚人们的消费动机。这很有意思。”

至此，吉尔打开了话匣子。对于她喜欢的每一件事情，她都会主动地思考“为什么？”通过这种思考，她发现自己非常喜欢创办属于她个人的公司。她非常渴望知道自己是否能够实现这一愿望。如果将来有一天这个计划失败了，她不得不重新找工作。即便如此，因为曾经努力过，她不会后悔自己当初作出的决定。

询问自己“为什么”希望实现某个目标是一个非常有效的分析手段，它可以让我们直达问题的核心，告诉我们你所追求的目标对你来说是否具有现实意义。

我的朋友克尔斯顿（Kirsten）以前是一名演员，但是后来成了一位培训方面的专家兼领导者。在她从事戏剧事业数年之后，我们进行了一次谈话。我们谈论了她喜欢表演的哪些方面，以及喜欢这些东西的原因。当时，克尔斯顿正在活动，争取演出机会，结果终日奔忙，身心俱疲。在这次谈话过程中她意识到，虽然自己非常努力地扮演各种角色，但是每天晚上演出以后，她都感到自己所扮演的角色毫无意义，自己一点儿也不喜欢。她希望的是在舞台上充分吸引观众，激发他们想象与思考。令她失望的是，在自己的表演生涯中，这种情况很少发生。于是，她发现音乐剧表演并不是自己应该追求的目标。但是，培训工作能给她极大的动力，于是她便决心投身这个新的职业，利用自己出色的表演能力引导人们学习。

在对一个活动从细节描述到情感描述的转变过程中，你开始接触到问题的本质，明白了某些东西为什么很重要。在这一分析过程中，最简单的方式就是将你的工作计划分解成尽可能小的组成部分，然后思考一系列的问题。首先，你是否喜欢每一个具体工作。其次，询问自己为什么喜欢这个工作，当你开始从事这个活动之后，你会有什么感受。本章最后列出的联系资料，可以帮助你与自己建立并实施这种对话。

“我是否足够优秀”是一个有害的问题

你相信，在实施计划的过程中，你心中的信念会越来越强。然而，信念还以是否相信自己能够实现目标为基础。虽然你确信自己追求的目标很有意义，你很可能怀疑自己是否具备执行工作计划的能力和资源。“我是否足够优秀？”很多人曾经对自己提出过这个问题。然而，具有执行力的人都警告我们不要受它的影响。他们说，众所周知，这是一个相当有害的问题，在计划还没有来得及具体实施之前，它能很快地扼杀我们的工作热情。

假设你有良好的基本素质，并愿意不断努力学习，那么“我是否足够优秀”就不是一个多么重要的问题。这个问题的答案变化无常，变化频率就像我们经常换袜子一样。按照他人的标准来判断，如果你做了一件给人留下深刻印象的事情以后，你就会感到自己很有能力，足够优秀。然而，某一天你可能又很倒霉，在和客户交谈的过程中，无论你说什么，对方都报以白眼；老板也对你态度粗暴，简直把你当成白痴一样；或者，你听到同事对一个“不太聪明的”同事大加赞赏，突然之间，你的信心跑得无影无踪，认为自己根本没有多么优秀。可能就在短短的两秒钟，你从满怀自信一下子变成了满腹疑虑。

“我是否足够优秀”这个问题要求你根据一个外部标准来衡量自己的能力。问题是，你应该选择一个什么标准呢？以吉尔为例，她是不是应该以一个从业二十多年、著有六本专著、在多所大学任客座教授的市场研究专家为参照对象呢？或者，以一个经验比她少得多、几乎不能向十来岁孩子销售爆米花的人为参照对象呢？

事实上，无论何时何地，总是有比你更优秀的人，也总是有比你更差的人。但是，这并不能说明什么。具有执行力的人都相信，要想在某一项目上成功，并不一定要求你必须是相关领域最优秀的人。在任何一个行业中，并不是只有那些特别优秀、经验特别丰富的人才能做好工作，其他人只配去洗盘子。绝大多数人虽然都不是大赛获奖者，然而都能为客户提供满意的服务，获得晋升机会。同样，并不是所有从事音乐工作的人都是音乐大师，所有作家都像《哈利·波特》的作者J.K. 罗琳那样优秀。

能够更加有效地加强你的自信心的问题是："我是否拥有赖以进一步发展的知识基础？如果没有，我是不是愿意打好这个基础？"

就我本人来说，我一直梦想着开展一个特殊主题蛋糕设计业务，这个想法在我脑海里酝酿了好多年。业余时间，我总是捧着漂亮精致的烹饪书籍，津津有味地端详特别漂亮的蛋糕图片，这几乎成了我的一大享受。在这个爱好的怂恿下，我一时心血来潮，曾经花了 125 美元（含税）购买了一套蛋糕专业装饰工具，其中包括一个冰锥和大量让我晕头转向的小器件。

我制作的每一个蛋糕从烤箱里拿出来以后，样子难看得就像一个滑雪场坡道。我用冰锥在上面点缀的每一个花朵就像被牛吃过又反刍出来的杰作。

那么，这是不是意味着我不应该尝试在家里烤制蛋糕呢？当我向丈夫提出这个问题时，他只是拿眼角斜视着我给他制作的生日蛋糕——它的正中有一个不大不小的"火山坑"（我辩解说，那代表着人生中必须小心提防的陷阱）。他忍不住哈哈大笑起来，直到我"怒不可遏"地将一勺子冰激凌扣到他的脑袋上。当他用毛巾擦脸时，我听到他喃喃自语道："你真的认为这是个不错的想法吗？"

但是，我可以肯定地说，如果你对某个计划真的很感兴趣，有效执行一定是一个不错的想法。不过，这样做必须基于以下两个目的：

1. 世界不需要再增加一个牢骚满腹之人

如果你选择放弃兴趣，继续过去枯燥无味庸庸碌碌的生活，就会慢慢被流沙埋葬。对生活满腹牢骚而又无所作为比起尝试某种创新要容易得多。这样优哉游哉地混日子，你就不可能对任何人有所助益。可怜人和蚊子相比没有什么区别，他们的数量都太过庞大，他们的牢骚让你发狂。更加糟糕的是，他们让你感到厌烦。世界对于一只蚊子或者一个哀怨者的唯一回答，就是用卷得硬邦邦的报纸卷朝他们狠狠地拍去。

2. 有趣的工作对你更加有益

雪儿（Cher）曾经说过一句非常精辟的话："我曾经富足，我曾经贫穷，但是两者相比，我更喜欢富足；我曾经年轻，我曾经年老，但是两者相比，我更喜欢年轻。"如果你曾经做过自己喜欢的事情，也做过自己不喜欢的事情，那么你就会知道做自己喜欢的工作感觉更好，它可以让你越来越有力量。著名哲学家兼诗人卡里·纪伯伦（Kahlil Gibran）曾经说："如果没有爱，任何工作都是空虚无益的。"如果你投身一项自己感兴趣的计划，你将变得更加幸福快乐。

鉴于这些无可辩驳的事实，对于"你追求自己热爱的目标是否明智"这个问题，理性的答案只有一个："是的，当然明智。"我丈夫避免奶油浇头的厄运最有效的提问方式就是："你喜欢烤制蛋糕工作的哪些方面？为什么喜欢？"回答了这些问题之后，我就能够判断自己是否可以相信有实施计划的能力了。

我喜欢烤制蛋糕过程的哪些环节呢？吃蛋糕的感受。我是否喜欢蛋糕制作本身呢？不太喜欢。一天，当我必须制作四十八个纸杯蛋糕时，这个事实就像一只装满了面粉的大口袋彻底砸醒了我。这次，我是为女儿班上组织的活动制作蛋糕，每一个上面都写一个字母。当我制作到第十二个时，我开始变得不耐烦起来。制作到第十九个时，我开始用手指潦草地描字母，以加快制作速度。

在我分析自己喜欢或者不喜欢蛋糕烤制工作的具体内容时，我很快明白，我希望创办一个特别主题蛋糕烤制公司的计划缺少一个非常关键的要素：信念。这个计划与我的个人价值观没有直接的联系。我不相信这是一个对我来说有意义的工作。换言之，我不相信自己能够最终实现这一计划。我没有赖以进入这一领域的知识基础，但我还可以学习必要的知识。事实上，我之所以对烤制蛋糕的计划没有信心，是因为我没有学习相关知识的意愿或者兴趣。

下面我们总结一下，信任和信心在下列情况下才能出现：

◎你应该了解自己的真实情况

你对计划所要求的工作真的感兴趣，也很愿意踏踏实实地去实施。对于吉尔来说，市场调查研究和资料分析工作让她很感兴趣。对于我来说，我购买了制作蛋糕的必要工具，但是又懒得阅读具体烹制技术资料。

◎你应该了解自己能够做什么，对发展工作技能是否感兴趣

吉尔已经充分掌握了公司业务运作的相关细节，但是对于员工雇用与管理还不甚了解，需要进一步学习。她有学习的动机，也有学习的兴趣。就我的情况来说，即使我参加了蛋糕烤制培训课程，我仍然担心自己做不好，最后不得不把盘子清理起来，不再从事这一工作。

◎因为前面有座山，所以你想翻越它

如果你的工作进展总是微乎其微，求索道路似乎永无尽头，可能让你顿生挫折感。但是，比这更加糟糕的是，你根本不愿意尝试，就像面对一座大山根本不去攀登一样。如果吉尔永远不真正开展自己的业务工作，她就会越来越失望。就我来说，我则喜欢安于现状，在厨房里翻看杂志，欣赏上面由他人制作的蛋糕的精美图片。

提示卡

- 通过了解具体活动与你的兴趣和价值观之间的关系，可以最有效地认识你目标计划中信念的本质情况。
- 要想分析自己是否真正喜欢某个计划，最简便的方法就是将这个计划划分成最小的组成部分。然后，首先询问自己是不是喜欢每一个具体工作环节，为什么喜欢。当你从事这项计划之后，你的真实感受如何？
- 应避免“我是否足够优秀”这个问题对自己计划实施的消极影响。假如你有良好的基本素质，同时又愿意学习，那么这个问题就没有什么实际意义。能够进一步强化信心的一些有益的问题是：“我是否有赖以进一步前行的知识基础？如果没有，我是否愿意打造这样一个基础？”

练习

关于目标计划是否适合自己具体情况的简短对话

你可以通过询问自己一些关键性问题，进一步澄清执行某个具体想法目前来说是否是正确的选择。

然而，在回答这些问题时，必须注意避免习惯性思维的影响。要真正思考，实事求是地给出自己的答案，不要人云亦云。一位客户的话很具有代表性："为什么我要和自己说话呢？我早就知道自己是怎么想的了。"

对于你向自己提出的问题，不假思索地给出习惯性答案与经过真正思考给出自己个人的答案有着天壤之别。人云亦云地回答这些问题就好像按下了自动导航按钮一般，只能让你得出以前重复多次的结论。当你思考如何回答这些问题时，你应该将所有原来的结论放在一边，不要受它们的影响。

为了帮助你与自己进行一场全新的思考与对话，请进行下面这个练习：假设你现在离家很远，正在夜晚的火车上旅行。除了你，车厢里只有另外一个人，这是一个看上去很聪明、充满善意的旅客。火车开动以后，你们相谈甚欢。你知道，你们只是萍水相逢，今后可能永远都不会再次相见。所以，在谈话过程中，你可能非常放松，尽可能诚实地告诉对方你的真实想法。请在下面的空白处写出你想要说的话，完成与这位旅客的对话。

你：有件事，我一直告诉自己，应该尽力去做。

旅客：什么事?

你：我一直想……

____

____

____

旅客：为什么这件事对你如此重要呢?

你：我这样想是因为……

____

____

____

旅客：还有其他原因吗?

你：再往深里说，我想要……

____

____

____

旅客：你知道，在你执行自己想法的过程中，很有可能会遇到一些障碍。你有没有想过会遇到什么障碍呢?

你：我预测……

____

____

____

旅客：你希望实现目标的愿望，是否能激励你越过这些障碍呢?

你：

____

____

____

旅客：请回答我这个问题：如果你不追求自己的理想，你会有什么感受?

你：我想，我会感到……

____

____

____

旅客：你应该试一试。这只是你与自己的一个约定。为此，请先做第一步，在下面的横线上签下你的名字……

____

____

你的签字：______________　　日期：______________

拥有执行力的人知道，当自己遇到很多不同观点，而且每一个都有一定的道理时，就应该以动力为判断要素。

Chapter4 第四章 让自己不再犹豫不决

The Follow-Through Factor

有时，你对自己想要达到的目标并不是很清楚。你认为自己知道一些，同时又承认自己的认识可能是错误的。事实上，由于外界的影响，你可能很快让自己相信这个目标是对的，或者是错误的。你就像溜溜球一样，在使用“或许”这个词时比谁改变得都快。

“我想我需要执行这个计划，但还是等时机成熟再做吧。或许，我可以找到更好的目标。或许，我应该停止与内心的自我对话，不再和自己较劲，去看场电影多好。”

不要陷入这样的思维定式，不要认为你是一位溜溜球大师就不作决定，认为不了解自己的真实思想。你并不是优柔寡断、不善决断，而是被现实迷惑住了，已经分不清真假主次。在讨论的每一个环节，你都看到了自己的真实情况。然而，你总是非常肯定地认为，没有可以压倒一切的现实促使你追求自己的目标。

如果世界上设立一个摇摆不定者大奖，我肯定是获得奖牌最多的人。我总是非常容易以不同的观点看待事物，我从来不能长时间地固守一个观点。

很多很多年以来，我的生活方式可以用一个词来描述——“折磨”。对于我来说，几乎每一件事都是一种折磨，甚至包括本书的写作。坦白地说，早在进入21世纪之前我就萌生了写书的打算。大约十二年前，我第一次意识到，很多人的愿望和成就之间缺乏执行力这个关键环节。当时，我就希望能把自己的这个发现写出来。

然而，我是不是真的愿意在工作之余实施自己的写作计划呢？事实上，我非常相信自己的这个新发现，它对我也有着巨大的吸引力。但是，我是否也愿意将自己的所有业务时间全部放在家庭生活上面呢？在我的生活中，每当我有了一个新想法，我都会毫不留情地详细盘问自己，直到近乎崩溃，不得不恳求自己暂时停下来去洗个澡放松一下。

值得欣慰的是，执行力这种素质是可以通过后天学习获得的。令我感到更加高兴的是，我确实学到了。

你应该常常向自己提问下面的三个问题，了解每一个选择下面深藏的能量：

1. 为什么我要把这个想法付诸行动？

通常来说，如果你在脑海深处对某个计划酝酿了很长时间，它就会不断浓缩，直至像冰山那样只露出小小的一角。你会思考并谈论自己的这个想法，但是程度都很肤浅。你只注意到了这个想法的细枝末节。你应该对它进行更深入的研究，探究小小冰山一角下的真实情况，思索哪个因素能够促使你今天就开始行动？

桑托斯是一名业务十分繁忙的建筑设计师，但是有一件事一直让他耿耿于怀——他希望自己能在业余时间到大学学习，拿一个考古学学位。当我问他为什么想要拿那个学位时，他一点道理也讲不出来。

“我想，可能是因为一时兴起吧。”桑托斯回答道，“在这个问题上，我想不出还有什么理由。”

“你是不是觉得晚上在教室里学习，辛辛苦苦地做作业让你很向往？”我有点纳闷地问道。

“当然不是。”桑托斯答道。他接着说：“现在好了，我想我不会逼迫自己干这种没有多大意义的事了。”

2. 还有没有其他方式可以实现我的目标？

在你解决了为什么要追求一个目标的问题之后，下面就应该考虑是否还有其他实现目标的途径。桑托斯承认，除了去学校学习之外，确实还有其他方式可以发展自己对考古学的兴趣。他很愉快地参加了由一个博物馆资助的考古活动，假期时还自愿参加了一次考古发掘工作。

就我的情况来说，我已经在利用执行力思想帮助自己的客户，或者举行培训班指导更多的人。但是，如果我希望帮助更多的人实现他们的目标，除了写一本书，再无更好的选择。这是唯一让我靠近自己事业目标的方式。

3. 我需要付出什么代价？

这个问题的前提是，每一个行动都需要我们进行某种程度的投资。这种投资不仅仅体现在金钱上，还包括时间、心血、精力等。所以，你需要自问：为了追求目标需要付出什么代价？对于这个代价，我的感受如何？如果不追求这个目标，我需要付出什么代价？我对这种代价的感受又是什么？

桑托斯的直觉对这个问题给予了极好的注释。为了拿到考古学学位，他必须投入数千美元，还有大量的时间，对此他一点乐趣也感受不到。但是，将度假资金用在由专门机构组织的考古工作上，他一点顾虑也没有。

这也是我所面临的一个十分重要的问题。在考虑这个问题时，对于必须延长工作时间这一点我心中很有顾虑，因为这样我给年幼女儿的时间必然就会减少。但是，如果总是推迟本书写作，又会让我发疯。为了解决这个问题，唯一的办法就是重新分析我的工作时间表，为写作留出哪怕一小段时间。虽然这样可能失去一些工作机会，但是付出这点代价也是值得的。

这些问题可以把不同选择所具有的价值生动地呈现出来。你会发现，有些问题会使你信心倍增，而另外一些问题则让你十分气馁，甚至彻底绝望。拥有执行力的人知道，当自己遇到很多不同观点，而且每一个都有一定的道理时，就应该以动力为判断要素。

当你思考某些问题时，例如“我为什么希望实施这个想法？”

不要受第一个进入脑海的答案影响而停滞不前。你应该尽可能深入地思考，找出更多的答案。然后，对每一个答案再问一个“为什么”。例如，你决定改变自己的职业，你可以问：“我希望这样做的十个理由是什么？”其实，在一个问题上，我常常迫使客户想出十一个不同的回答。通常，在给出六个答案以后，人们就开始搜肠刮肚，不太容易想到更多理由了。但是，只有当你将所有容易想到而又十分浅显的理由列举完以后，你才能真正深入思考，接近问题的本质与核心。

提示卡

- 在思考是否应该执行一个计划时，你可能在不同的观点之间翻来覆去地摇摆。此时，唯一可以促使你前行的，是将真实情况理解为积极动力的源泉。每一个观点中都有一定的道理，但是是否每一个观点都能给你同样的推动作用呢？恐怕并非如此。如果你不能确定哪一个观点能够为你提供更大的前进动力，请回答下面三个问题：
  1. 为什么我要把这个想法付诸行动？
  2. 还有没有其他方式可以实现我的目标？
  3. 我需要付出什么代价？
- 认真分析你的回答，你就会发现深藏其中的动力。

练习

如何才能让自己不再左右摇摆？

左右摇摆者并不一定没有观点；相反，他们很有思想，很有天赋，可以从不同的角度看待问题。然而，如果我们总是在每一个问题上跳来跳去不能下定决心，不能采取实际行动，这种才能有害无益。

“对于我来说，哪一个选择才是正确的呢？”如果这个问题总是没完没了地折磨你，唯一的解决途径就是转换一下提问方式：“哪一个选择可以给我最大的前进动力呢？”

下面五个问题可以有效地帮你确定，执行某个目标计划是否能够给你带来更大的前进动力：

1. 我为什么要实施这个想法？

（用于判断该想法的现实意义，实现以后会给你带来什么价值）

2. 还有没有其他途径可以实现这个想法?

（用于判断是否存在其他可以替代的、甚至更好的产生同样效果的做法）

3. 为了贯彻执行自己的目标计划，我需要付出什么代价?

（用于评估你需要投入的时间、资金、精力等）

4. 如果不贯彻执行自己的目标计划，我会付出什么代价？

5. 执行与放弃自己的目标计划，哪一个能够给我更好的结果？

有多少人从事同样的工作并不重要。如果你希望寻找一个别人从未涉足过的工作，我劝你还是不要白费力气了，因为世界上不存在这样的职业。所以，如果你相信自己的能力，那就去做好了，没有什么值得犹豫的。

Chapter 5 第五章 挖掘事业的核心价值

The Follow-Through Factor

长着一张乌鸦嘴的人非常令人讨厌，他们总是怀疑一切，对任何事情总是表现出很鄙夷的样子。多年来，这种人已经彻底掌握了对任何人和任何事大做鬼脸和不住翻白眼的技艺。在现实生活中，这样的人几乎无处不在，无论我们有了什么新的想法，他们都会表示反对。他们不断地耸肩，皱眉，眼望天花板，或者大摇其头。正如每个人都有自我怀疑的心理一样，对于我们的想法，外界的批评也是永远存在的，这是不可避免的客观现实。在办公室，在母亲家里，在酒吧，你都有可能遇到一位眉头紧锁、对你充满怀疑的人。

你永远逃不掉，永远避不开那些总是跟你唱反调的“乌鸦嘴”。当你刚刚离开一个似乎深谙世事的悲观主义者，可能马上又会遇到另外一个玩世不恭之徒。他们警告你不要这样做，不要那样做，总之什么都不能做。当你在一家咖啡厅排队买饮料时，便很有可能遇到这样一个讨厌鬼。他会急匆匆地斜着身子挤过人群，走到一位先生或者女士的面前热情地和对方打招呼。其实，他们只是五分钟前才刚刚认识的。

“今天是星期二，下午你不工作，对吧？你彩票中奖了吧？”“乌鸦嘴”常常以类似的方式开始与人交谈，同时也是折磨人的开始。

“啊，我自己给自己打工，所以时间比较灵活。我刚刚创办了自己的公司。”对方礼貌地回答道。

“噢，是吗？你的公司从事什么业务？”“乌鸦嘴”问道。

“一家网络资源分类检索公司。”

“哈，有意思。”然后，“乌鸦嘴”会稍微停顿一下，因为他要在脑海之中迅速筛选一下自己的庞大数据库，寻找这方面的负面新闻，以便彻底让这位仁兄的希望化为泡影。

“你知道，我最近刚刚阅读了一篇有关这方面的文章。”“乌鸦嘴”打开了话题。从他兴奋的语调当中，你就知道他会讲出令你浑身冰凉的可怕消息：“显然，你这点子已经不再时髦了。”

少安毋躁，这才刚刚开始，更多未经证实的新闻还会源源不断地从他的嘴中喷涌而出。“前几年几乎人人都想创办自己的网络公司。但是，现在怎么样，差不多都倒闭了。我想，你可能没有大笔预算进行市场推广吧？所以，要生存下来，我看够戗。你有没有做很多广告宣传？”

“哦，没有。不是很多。”

“嘿，那就更不好了。”于是，“乌鸦嘴”耸了耸肩，同时脸上显现出十分担忧的神情，“唉，但愿老天保佑你吧。”说完之后，“乌鸦嘴”便心满意足地径直离开，撇下身后满脸沮丧的新伙伴，去和咖啡厅服务员打招呼。

所有遇到“乌鸦嘴”的人最后的感受几乎都是这样的。我们尴尬地被晾在原地，只剩下满脸苦笑。然后，开始第十次、第一百次，甚至第一千次反思是不是应该尝试努力，追求自己的目标。正是在这种时刻，我们的心理天平便悄悄倒向了消极与否定。

任何人，只要曾经尝试过贯彻“执行力”精神，都会不止一次地走进黑暗无助之中。那是一个非常阴森可怖的地方，没有什么有意义的事情发生。所以，它才被称为黑暗无助之地。这个地方还有个名称，叫做无益之所（Pointless）。

欢迎光临无益之所

有些人有非常出色的项目、想法、计划，他们也相信自己有能力实现这些内容。项目让他们充满希望，给他们增添力量。于是，他们开始筹划实施自己的一些想法。突然，他们看到了一块大牌子，一下子便傻了眼，牌子上写着：“欢迎光临无益之所。”此时，很多人便扔掉他们的铁铲，重新回到了起点。

在我们生活的这个世界上，几乎任何一个你可以想象得到的领域都有着难以计数的明星。非常出色的生产者、程序员、运动员、演员、创新家、企业家、播音员、建筑师、出版家、销售专家、作家、画家、木匠……这个名单几乎是无穷无尽的。在这种情况下，你可以提供什么特别具有特色、特别具有原创性的东西呢？你想要追求的目标实际上已经有成百上千的人做过了，而且有的人还做得非常的出色。当你举目四望，看到别人早已做过的事情，你所有的努力似乎有点没价值，甚至特别没有意义。

于是，你可能对一个“乌鸦嘴”说：“看来，世界根本不需要我这样的人。”事实上，你的这位“乌鸦嘴”朋友二十年来一直都是站在烂泥潭里，从来没有动过窝，头发从来不理，更别说改变人生品质了。

“没有人是绝对重要的。”这位朋友颔首道。

于是，你接受了现实，陷入了深深的忧郁与沉默。一片安静之中，一位百无聊赖的“乌鸦嘴”叹息道：“唉，在社会这个残酷的大海之中，我们都不是大鱼啊。”

“为什么我不能到大海里去看一看呢？”你喃喃自语道，“现实中有着太多的设计者了。”

“完全正确。”你的朋友马上赞同道，“如果你希望听一听我的意见，我认为你连那样想都是愚蠢的。因为，那完全是浪费时间、金钱、精力，而且是大大的浪费。那有什么意义呢？”

然而，那些具有执行力的人们会说，意义只有一个——个人兴趣。

在现实中，我们不会永远很容易地证明自己的具体兴趣是正确的，有价值的。为什么一位工作已经非常繁忙的五十五岁老律师非要参加成人芭蕾舞培训班呢？像她这样，再怎么努力，被纽约城市芭蕾舞团录取的可能性也是微乎其微。为什么一名四十四岁的动漫设计师决定非要参加一个证券培训课程呢？为什么一个在人们看来相当古板的五十九岁的公务员非得把自己辛辛苦苦攒下的钱投资录制自己的歌曲并放到 MySpace 空间里呢？如果你让我们解释个人爱好的合理性，就像让我们描述香草冰激凌的味道一样，可能每个人都会有不同的说法。除了真正品尝的人以外，谁也不知道那种具体的滋味。兴趣完全是个人性的，它已经成为我们个人身份的一部分。当我们追求自己的兴趣时，我们就与自己达成了某种意义上的默契。

当我们有效执行自己的计划时，我们就能提升自己的人生品质，远离枯燥无味的陈旧生活方式。这样，你就可以认识一些你原来可能永远不会认识的人。你向自己提出挑战，迫使自己遇到障碍时想出解决办法，让自己经历全新的生活体验。如果你认为这是一种不错的想法，原因就是它的确很有价值。大胆面对自己的想法，你必将经历一场令人兴奋的探险过程。

任何事物的价值都是我们赋予的

当你希望找到一个支持自己追求目标的特别充足的理由时，应该从自己内心去找，不要寄希望于外界。因为，任何事物的价值都是我们赋予它们的。

世界不会屏住呼吸，专门等待着我们创造什么新的艺术，或者创办一项新的业务。除非你对治愈癌症或者保护环境有独家秘籍，否则是没有人急切知道你能够提供什么服务的。值得庆幸的是，你所做的工作可以惠及一部分人，甚至很大一部分人。但是，如果你选择逃避现实生活，到一个遥远的桃花岛上隐居钓鱼，地球还会一如既往地旋转。

当然，你确实可以认为，无论从事什么工作，以前早已经有人以这种或者那种方式做过了。虽然你的计划可能不是很出众，但是你完全可以像在餐巾纸上非常投入地创作一般，不要因为听到别人已经进行过类似的创作，就绝望地把它撕毁。当然，考虑竞争状况和市场需求也是必要的。你可以根据具体客观情况调整自己的思路，使之变得更具吸引力，更具可行性。

你唯一需要思考的是，这个计划对你自己有什么价值。要轻装上阵，通过充分列举计划给你带来的各种利益鼓舞自己的士气。为此，你应该问问自己：这个计划对我有什么意义？通过它，我是不是可能更好地控制自己的生活，参加更富有吸引力的活动，挣到更多的钱，学到新的技能，等等。然后，想一想你希望自己的计划可以给他人带来哪些好处。当然，这些好处不一定非得是改变他人命运。至少，一个更加快乐的你可以让你周围的人更加积极向上。

乔是一个从事人力资源管理的工作人员。他告诉我，他希望成为一名摄影师。但是，他又不无忧虑地说：“现实中已经有太多的专业摄影师了。每一个拿着数码相机的摄影业余爱好者都可能认为自己是专业摄影师。那么，我进入摄影这一行业有什么意义呢？当我看到相关数据之后，我觉得自己的这一理想太过幼稚可笑了。我敢保证，你肯定知道有很多摄影师根本不能找到业务。”

但是，我不会这样想。我确实可以列举一些我知道的摄影师。我有一位客户专门从事儿童黑白摄影，并成为这方面的专家。她刚刚在我们当地的一家咖啡馆举办了自己的摄影作品巡回展，而且依靠摄影获得了不错的收入，至少可以聘请一名保姆，每周为自己工作三天。我记得一个朋友曾经和一位特别伤人自尊的摄影师进行过一次交谈，对方让她在照相时将下巴抬起一点来，这样她的缺点就不会过于明显，此后，这位朋友再也没有向他人推荐过这位摄影师。当我在杂志社和报社工作时，也曾经遇到过各种各样的人。但是，从总体上来说，我反而能列举出更多的美发师、牙医、医生。至于作家和教练，我就知道得更多了，可能有几十位，甚至上百位。

我坚持认为："有多少人从事同样的工作并不重要。如果你希望寻找一个别人从未涉足过的工作，我劝你还是不要白费力气了，因为世界上不存在这样的职业。所以，如果你相信自己的能力，希望成为一名摄影师，那就去做好了，没有什么值得犹豫的。"

"不能以此谋生？"

"乔，你之所以感到十分忧虑，就是因为你是人力资源方面的专家，但是你非要成为一名摄影师。所以，从现在开始，把自己的想法颠倒过来。将自己的身份看成摄影师，而人力资源管理只是你的业余爱好。站在一个摄影师身份的角度看问题，看看会发生什么。"

于是，我和乔思考了很长时间，一起设计如何在办公室展出作品，让公司同事知道他可以提供摄影服务。

"我们可以制订一个步骤详细的实施计划。"我告诉乔，"但是，第一步是你必须真正认为自己是一名摄影师。"

"有意义吗？"

“如果将自己视为一名摄影师，你有什么感受？”

“我非常喜欢这样做，感觉自己获得了新生。”

“你是否认为自己的摄影作品对你和你的同事来说都很有意义？”

“这是毫无疑问的。大家确实非常喜欢我的作品。”

“那么，世界将迎来一位新的摄影师，他有独特的观察力，也很有天赋。欢迎你进入摄影世界——这个世界永远给新来者预留着位置。”

竞争是一个无法改变、无可否认的现实。如果很多人已经在做你希望做的事情，这不是正好证明你的这个新事业很有市场吗？即使你觉得自己没有其中的一些人优秀，但是至少你可以做一些不同于他们的工作。

在贯彻执行力的过程中，请你一定牢记：世界上不存在两个完全一样的人。这说明，你必须在自己提供的产品或者服务当中体现自己的特色。虽然你想推销的可能是某个早已存在的产品或者服务的复制品，你必须知道没有人能够代替你，所以你的市场推销工作必须体现自己的特色。如果你想写作一本书，市场上早已出现了类似题材的作品，但是你必须知道，只有你的作品才能真正体现你的思想和你的选择。

那些具有执行力的人同样如此。他们之所以坚持执行自己的目标计划，就是为了看看自己的兴趣能达到什么样的效果。就像著名女演员埃塞尔·巴里摩尔（Ethel Barrymore）所说的那样：“这即是全部，再也没有其他东西了。”

提示卡

- 不要试图根据外部信息判断自己的计划或者理想是否具有意义。因为，追求理想的关键并不在于世界需不需要你去实现它，而在于你自己想不想实现，让自己的生活更有意义。
- 任何事物本身都没有意义，它的意义都是你赋予它的。如果你认为某个计划有价值，那就是追求整个计划的全部意义。
- 如果你想提供某种产品或者服务，即使别人再优秀、再成功也无妨。我们生活的世界本来就是相互模仿的，任何产品或者服务一经推出，必然就会有人模仿。但是，你唯一不能模仿的是另外一个人。所以，在计划实施过程中，一定要体现自己特有的东西，这才是你对世界的真正贡献，是你的真正价值。

练习

如何判断计划的意义

一个“乌鸦嘴”可能只需不到一分钟的时间便可以将你的目标计划批驳得体无完肤，认为你纯粹多此一举。

在你还没有完全介绍完自己的计划以前，“乌鸦嘴”就会告诉你这个工作已经有很多人在做了，而且那些人知识更丰富，财力更雄厚。于是，你在夜里再也不能安然入睡，不断地拷问自己：“我这样做到底有什么意义？”

这个问题的答案，你通过 Google 是搜索不出来的。你通过搜索引擎找到的都是一些与你的计划相同的产品或服务广告。如今，只要有什么好的理念一出台，很快就会被人模仿。虽然人们的创意不能长时间保持特色，但不同的人之间永远是不能被完全模仿的。不论你做什么事情，你都会与其他人存在差别，因为你不能像复写纸那样效仿他人。

无论在什么情况下，你思考的问题都不应该是世界是否需要你的计划，而是你是否应该执行自己的计划，让生活变得更富有情趣，更加快乐。为了帮助你找到这个问题的答案，不再忍受失眠的痛苦，请回答下面的问题。

1. 在目标计划实施过程中，运用执行力对你的生活将产生哪些积极影响?

2. 实现目标将对其他人产生哪些直接或间接的帮助?

3. 在工作过程中，在哪一点上，你可以与所有人都不同?

4. 请完成这个句子：只是因为下面这个原因，我就值得去贯彻执行自己的计划。

当你走到一个交叉路口，似乎每一条路都让你感兴趣时，不要一直站在那里苦思冥想哪条路才是最佳选择，这是对生命的极大浪费。拥有执行力的人知道，所谓“最佳选择”是根本不存在的。

Chapter 6 第六章 怎样作出正确的选择

The Follow-Through Factor

有些人非常聪明，很有天赋，而且极富创造力，但就是欠缺执行力。因为可以选择的东西太多，他们晕头转向；因为机会太多，他们反而受尽了折磨。那些有着多种才能，可以有多种选择的人，可能是你遇到的最可怜的人。面对这种局面，很多人常常手足无措，不知该如何下手。

有一次参加晚宴，我对面坐着一个精力过于充沛的人。这位女士名叫克洛伊（Chloe），她的朋友名叫马克，坐在他们之间的一位男士显得相当可怜。克洛伊不断地谈论自己的人生计划，于是这位先生一会儿看看她，一会儿看看马克，脑袋就像温布尔顿大赛中的网球一样迅速地来回摆动。

“我这一周过得非常开心。”克洛伊一边撕着面包圈一边说。

“很好啊。你找到要租赁的办公室了吗？”马克问道。

“没有。不过我找到了比那更好的东西。一个朋友邀请我一起合著一本关于社会营销的专著。”

“你现在计划出一本书了？”马克疑惑地问。坐在他们之间的那位先生有点感兴趣了。

“哦，当我出版图书以后，我就可以举办研讨班，宣传如何在网上进行销售。”

“你想实施这个计划吗？”马克问。

“当然，为什么不呢？我将成为一名优秀的主讲人。”

“可是，上周我们才商定要集中精力创办一个新公司啊。现在你又计划写书了？”马克反驳道。坐在他们中间的那位先生发出嘘声，让马克安静。

“这我真有点说不准了。我以前的一位同事现在在一所商业学院工作，她说如果我想申请教师职位，她可以替我向校方美言几句。”

“好啊，这听起来又是一个新计划。”马克说，“但是……”

“噢，我忘记告诉你了。我还遇到了一位在购物频道工作的先生。我向他介绍了我设计的百宝袋手包，里面有十几个隐蔽的口袋，女士的一切随身物品都可以装进去。这位先生非常喜欢我的作品。他表示，这个产品一旦推出，肯定卖疯了，我就发大财了。我想先编写一个开发计划，然后找一位投资商。你认为这个主意怎么样？”

“听起来很有意思。”马克说。中间那位先生则显得有点不置可否。

“真的吗？”克洛伊说。

“当然啦，你不这样认为吗？”马克说，“嘿，你有没有给那个电视制片人打电话？你不是希望从他那里找一份兼职研究工作吗？”

此时，中间那位先生坚持要与他们换换座位，以便克洛伊和马克坐在一起尽兴交谈。现在他们的脑袋靠得很近，我再也听不到他们说什么了。不过，我敢断定，克洛伊还在叙述她的各种计划，不过肯定不会有一个真正实施的。如果只是在各种计划之间跳来跳去不能扎根，就像车轮在原地飞速旋转一样，你哪里也去不了。

当你准备执行实施一个计划时，如果总是允许其他似乎更诱人的想法不断跳出来干扰你，那将是很痛苦的事情。这并不是说我们担心自己最初的想法被证明是个巨大的错误，而是担心其他机会可能带来更好的结果。

很多具有执行力的人都属于“完美主义者”（Maximizer）。这个名词是巴里·舒瓦茨（Barry Schwartz）在其著作《选择的悖论》一书中创造的一个新名词。完美主义者都希望自己在任何方面都能获得最好的东西，从牛仔裤到配偶，一直到工作。他们是世界上最不知疲倦的购物者，认为只要自己坚持不懈地寻找，就一定能够找到完美的东西。在电影院看电影时，这些人为了找到更好的座位会来来回回地从你的膝盖上跨过去；入住酒店时，他们会拉着自己的行李箱观看一个又一个房间，希望找到床垫最舒适、视野最开阔的房间。虽然在其他人看来完美主义者的挑剔近乎病态，仅仅为了买到一双满意的鞋可能会花去很长时间，但是他们也不属于那种特别不合情理的人，至少在他们自己看来是这样。他们并非荒唐的苛求主义者，而是极端乐观主义者。他们认为肯定还有更好的东西，担心自己下决心过早错过了最好的东西。

这种特别的乐观主义者也有缺点，他们会让其他人感到失望、挫折、不敢向任何一个方向迈出新的一步。在别无选择的情况下，你根本不必担心自己并不完美。其实，面对太多选择也不一定是好事，哥伦比亚大学的亚格尔（Lyengar）和斯坦福大学的莱珀教授（Lepper）在合著的《当选择失去激励作用》中就分析了这一问题。在一个案例中，研究者们在一个美食店摆放了一张桌子，上面放了六种外国产的果酱供人们免费品尝；然后，他们又在另外一个美食店同样放了一张桌子，上面放了二十四种果酱。结果表明，摆放的品尝果酱类型越多，人们实际购买的数量反而越少。在提供了少量免费品尝样品的美食店，果酱的销量比提供更多品尝类型美食店的销量高 27%。在这种情况下，对这些果酱完全置之不理比不断考虑和对比来得更加容易，这样你就不必在蜜桃、柠檬、樱桃、香蕉……以及其他二十一种不同口味的果酱之间权衡选择了。

那些很有天赋、很有能力的人也常常面临类似的选择难题。当你安静地坐下来，认真思考自己“应该”做什么时，各种可能的选项突然显得复杂起来，甚至成了纠缠不清的难题。当你大脑中的创造性思维活跃起来之后，各种各样的想法就会不断喷涌而出，结果自己先被搞得晕头转向，不知道应该否决哪一个，追求哪一个。

大卫是一个好莱坞自由撰稿人，因为总是犹豫不决感到十分苦恼，向我寻求帮助。他一直在思考，是否应该继续电影剧本写作，承担相应的风险；为一个身为电视制片人的朋友开办的试播节目撰稿；为一个正在寻找新撰稿人、很有发展前途的剧团写作；加入一个向他许诺了一个职位的广告公司……对于大卫来说，他的问题并不是来自于对不同工作的思考，而是未来工作的预期收入。他很看重自己作为一位成功电影编剧或剧作家的身份。然而，广告公司主管又是一个非常体面的工作，穿着名牌，整天乘坐飞机周游世界，薪水也很稳定，这种感觉又对他形成了极大的吸引力。

所有人都渴望抵达目标时能够得到人们的欢呼与喝彩，这种感觉让人心驰神往。但是，这种现实通常又对人造成残酷的打击与伤害。在现实生活中，我们从来不会抵达人生追求的终极目标，所以也得不到梦寐以求的红色绶带，因为我们的这个目标总是不断向前变化发展的。如果大卫成为一名广为人们接受的电视编剧或者剧作家，不用自己出去跑业务，工作就会自动找上门来，这当然很好。但是，事业上的成功并不意味着可以消除不断增加的工作忧虑。一旦你获得了一次成功，你就会面对更大的压力，希望自己能够实现更高的目标，获得更大的成功。假如大卫选择了那家广告公司，他可能拿到六位数的薪水，同时也会面对开拓并保留客户的巨大压力。

广告宣传让人们相信，如果拥有一辆汽车，他们就可以在高速公路上尽情驰骋。同样，如果我们认为自己选择了正确的发展机会，我们就会抵达自己梦想中的乌托邦。不过，如果出现交通堵塞，即使你开着最快最新的法拉利也不可能顺利前行。同样，没有哪种工作可以让你进入世外桃源，彻底远离烦恼和忧虑。

任何人都不可能长时间地保持愉悦的心理状态，因为不管是好是坏，我们都具有很强的适应能力。新鲜感不久便会淡漠，我们不可避免地又会回到枯燥无味按部就班的工作状态，再次面对无休无止的争论与愤懑。曾经有过一项非常著名的调查，研究人员采访了因交通事故致残的受害者和买彩票中奖的人们，让他们陈述事故或中奖一年内的心情。结果发现，彩票中奖者的心情和普通人相比没有什么不同。虽然交通事故受害者比大多数人心情稍差，但是从总体上来说，他们还是认为自己是幸运的，可能因为他们发现生活并不像自己原来想象的那样糟糕。调整自己适应环境是人类的本能，不论环境是好是坏，他们都能较好地调整自己。

所以，对于那些试图在同样感兴趣的目标计划选择问题上犹豫不决的人来说，我们可以高兴地告诉他们，事实上你选择哪一个根本无关紧要。在任何一扇门后面，都存在着一定价值，但是哪一个也不可能确保你获得绝对完美的生活。巴里·舒瓦茨在《选择的悖论》中指出，面对众多选择的可能，人们应该以“足够好”为决策标准，而不是永远不可能实现的所谓“最好”。这正是拥有执行力的成功人士的做法。

然而，足够好并不等于仅次于最好。足够好的标准并不存在任何弹性“折扣”，但是只要你的目标计划符合它的要求，你就可以为自己打开绿灯，着手执行。就大卫来说，他意识到自己喜欢戏剧写作，广告公司的工作并不符合自己的个人兴趣，其他的选项也是如此。最后，他选择了为系列喜剧节目撰写试播稿。或许，他为剧团写作也会同样快乐，但是他认为，与制片人朋友合作，撰写自己喜爱的喜剧题材，才能获得最大的快乐。

抛弃所有支持和反对的观点

传统观点都认为，一旦你设定一个自己追求的目标，就应该列出支持的理由和反对的理由。从理论上来说，这种观点非常正确，但是从具体实施角度来看，它们就像阿司匹林一样，过期就失效了。只有老天知道，你是否需要足够剂量的“阿司匹林”才能完成自己的工作。大多数人都没有时间或者愿望花几个星期详细分析每个利弊得失。

我有一个朋友是大学教师，每次我给他打电话时，他都在家里鼓捣家具。于是，在分析大学教师这一职业时，我在支持栏写下：“拥有大量可以自由支配的时间；如果我从事这一职业，就有时间重新制作几个壁柜，让家里焕然一新。”但是，我又记得一位邻居曾经辞去了教师工作，原因是不满系里的政治氛围。于是，我在反对栏里又写道：“只能背后发牢骚，工作过程中只能做一个唯命是从、俯首帖耳的人才能生存下去。”在分析结论时，我唯一需要作出判断的就是，为了拥有自由支配的时间，我是否愿意做一个马屁精，对一个极端自我主义的系领导唯唯诺诺、溜须、恭维。因为解决不了这个难题，我只好继续分析其他计划的得与失——开办自己的公司。在支持理由一栏我写的第一项是：“再也不会有白痴一样的老板。我可以自己控制命运。”但是，我又知道，很多自己创业的人必须长时间工作，可能一周都不会有休息的时间。于是，我在反对理由一栏中写道：“没有自由时间，没有节假日。翻新家具的计划将化为泡影。”分析了两个小时之后，我得出的唯一结论就是：我得不出任何结论。我就像坐在快乐木马上一样不断地转呀转，总也拿不定主意。

如果你面临好多选择，而且每一个都可行，也都很诱人，那么，你只能采取两种行动方式：其一，闭门谢客，在几个星期里彻彻底底地将每一个机会都考虑透。为此，你需要进行扎扎实实的分析工作。其二，不能像第一种方式要求的那样彻底分析思考，那你只有选择足够好的计划。将所有支持和反对的理由统统抛弃，然后写下你喜欢做的事情，你的基本要求，包括收入水平、日常工作、家庭生活、闲暇时间、个人发展，等。将这些项目作为自己确定行动目标的一个底线。如果所有的选项都满足标准，那就抛硬币，让老天决定好了。其实，无论你作什么选择并不重要，重要的是将来你还可以调整适应，充分利用各种手段，做到最好。而且，不论你做什么，都会遇到顺利与挫折。

当我将这些话讲给我的客户加布里埃尔听时，他感到十分惊讶，直勾勾地看着我，就好像我脑子进水了一般。他说："我不太明白你的意思。你是说，我加入那家不赢利的开发公司和继续干目前的工作是半斤对八两，没有什么两样？"

"你说，两个选择都满足自己不打折扣的标准。那么，我想问一下，'在决定人生的这个关键时刻，是力求改变更让你有动力，还是继续按老样子工作让你觉得有意义呢？'"

接着，加布里埃尔耸了耸肩，拿起了一枚硬币说："正面朝上，我继续干原来的工作；背面朝上，我就加入那家赢利状况不好的公司。"

结果，硬币落下来时背面朝上。我说："请接着想一想，你已经决定加入那家不赢利的公司，现在感觉怎么样？”

“我很激动。”他深深呼了一口气，“我喜欢改变带来的挑战。”他稍稍停顿了一下，以缓和兴奋的心情。“不过，如果硬币落下的结果相反，又该怎么办呢？”他说。

“‘如果不是这样又该怎样’的疑问适用于你的任何决定。你永远不可能知道未来到底如何。所以，答案只能有一个：如果你不满意选择的结果，自行调整解决就是了。”

“说得很对，”加布里埃尔附和道，“如果我不喜欢这个新的工作，我完全可以再找新的机会。”

三个月以后，加布里埃尔已经喜欢上了那个新工作，并提出了一个在他新公司和老公司之间合作的建议。不过，他以知己的口吻对我说：“目前看来还不错，暂时先干着吧。”

所有人都曾意识到，作决定是需要勇气的。优柔寡断，前怕狼后怕虎，永远不会得到人们的尊敬。这就是为什么当一个人去世之后，人们为他写的讣告常常赞扬他有勇气，在对结果没有把握的情况下大胆行动。相反，从来没有人称赞自己喜爱的人终生谨慎，面对很多出色的想法左右摇摆，举棋不定。

每一个选择，无论其好坏，都会引发连锁反应，都可能导致有趣的结果。具有执行力精神的人用自己的行动验证了这一道理，即使选择错误，至少你也可以获得有益的经验，促使你将来更好地决策。

个人备忘录

无论你准备采取任何行动，总会有人提出忠告，规劝你不要仓促作决定。这些人常常有点神经质，总是显得焦躁不安，甚至吃饭点菜时也会拿着菜单端详半天，就好像这是他一生中最后的一顿饭一样。他们并不介意侍者帮自己拿主意选择了鸡肉。不过，吃饭时他们可能一直都在想，是不是点鱼更好呢？有些人执意要求你帮他们彻底分析所有选择，直到你口干舌燥，不胜其烦。对于这些人，最好的回答是："真正糟糕的选择只有一个，那就是不作任何选择。"

具有执行力的人都坚信，重要的不是想法，而是行动，将任何有价值的想法付诸实施的行动。想法犹如令人垂涎欲滴的美食图片，充其量只能让你饱饱眼福而已。只有亲自去做，你才能真正享受它的美味，提高自己的厨艺，并在餐桌上得到他人的嘉许。至于你做的到底是咖喱饭还是意大利调味饭，实在没有多么重要。任何情况下，一旦你成功地执行了一个想法，你会继续实践其他计划和思路。实践自己一直渴望的计划会让你兴奋不已，这种奇妙的感受只能出现在具体行动当中。你肯定想要我证明给你看，对吧？好的，把一盒积木交给一位学龄前儿童，看看他是怎么做的。你会看到，他变得非常严肃，非常投入地将一块积木放到另外一块上面。每当他成功地将一块积木放稳，都会欣喜若狂地拍手为自己叫好，那种自豪感和幸福感是难以用语言来表达的。当他的摩天大楼竣工，你还没有来得及拿出照相机拍照留念，他就会猛推一把，让自己的劳动成果轰然倒地。这说明，竣工后的大厦不能让他一直兴趣盎然，建造过程才会让他满足与心动。

多年来，我采访了很多艺术家，发现他们的行为与学龄前儿童十分相似。不过，这倒不是指他们任由情绪控制自己的行为，而是指他们在工作时和孩子们一样专注与快乐。他们表示，当自己录制音乐，摄制电影或者写作专著时，他们的思想才真正活跃起来，情感才被真正调动起来。他们或许对自己完成的作品深表满意，虽然很多人对自己要求十分苛刻，但是无论如何，与创作过程相比，创作结果给他们带来的震撼和激励作用要逊色不少。

过度思考会导致“分析性麻痹”

你可以很多年一直坐在椅子上思考自己能够做什么。五年之后，你可能还坐在那里思考。拥有执行力精神的人都反对过度思考，他们批评这种行为如同将双脚踏进混凝土一般，越来越动弹不得。相反，那些对目标进行详细分析的人总是拿着长长的选项列表，孜孜不倦地核对打钩，宣称只有这样他们才能在众多计划中选出最合适的一个，然后依照执行。他们要做的事情实在太多，包括写作计划书、起草业务方案、加入一个委员会、发送自己的简历、重新回到学校充电、发起一个写作小组，等等。无论准备得多么详细充分，你还是会遇到痛苦与磨难。至少，你应该真正行动起来，否则你不可能体验到更大的满足，也不会真正聪明起来。只有那些拥有执行力的人才能保证迈出一步以后会有更多的进步。

特雷弗是一位来自蒙特利尔的自学成才的艺术家。为了追求艺术，他辞去了原来担任的行政职务到世界各地旅行，开阔眼界，搜集素材。虽然他偶尔能卖出几幅画，但是收入远远不够。于是，他不得不经常回到国内，到酒吧当服务生，为下次旅行积攒资金。一次旅行过程中，他遇到了一位女士。对方无意之中提到，在一个温泉度假胜地度假时曾经参加了一次培训活动，这对特雷弗很有启发。特雷弗回国以后，马上精心制作了一份个人简历，重点介绍了自己在世界各地旅游和绘画创作的经历，还附上了一些幻灯片作进一步介绍。精心包装之后，他将资料寄给了五十个疗养度假胜地，便希望工作机会一个个接踵而至。

当特雷弗还在办公室冥思苦想自己的绘画时，如果你告诉他可以在风光旖旎的度假胜地开设艺术培训班并以此谋生时，他肯定认为你搞错了，把别人抽到的上上签错当成了他的好运。当特雷弗决定改变自己的命运时，他并没有把主要精力放在什么可能发生、什么不可能发生上面。相反，他审视了一下可作的选择，根据自己坚定的生活标准权衡相关选项，然后采取行动。

在找到一个合适的方式利用自己的艺术天分谋生之前，他也遭遇了痛苦与磨难。通常，金钱和孤独是两个经常遇到的问题。曾几何时，他也有过恢复昔日枯燥生活方式的冲动，但是他咬牙坚持了下来，守住了自己内心的底线。特雷弗说："每当走到十字路口感到无所适从时，我就会问自己，我真正想要的是什么。我得到的答案永远是‘我渴望绘画’。这就是我进行选择的坚实基础。我没有返回故乡生活，因为出于各种考虑，我不想在那里展示自己的作品。”

虽然特雷弗足智多谋又多才多艺，还有研究生学历，但是他清醒地避免了纠缠于太多的“可能”和“应该”，没有让“分析性麻痹”破坏自己的生活。像每一个拥有执行力的人一样，他没有走进试图详细预测未来所有细节的陷阱。相反，他把注意力和时间集中到了最关键的事情上。这是让你获得心理解脱，一步步迈开双腿前进，真正做点实事的唯一方法。

提示卡

- **当你走到一个交叉路口，似乎每一条路都让你感兴趣时，不要一直站在那里冥思苦想哪条路才是最佳选择，这是对生命的极大浪费。拥有执行力的人知道，所谓“最佳选择”是根本不存在的。**
- **每条路上都存在着“好”和“不太好”的东西，你选择哪条路并不重要，重要的是尽快选定一个方向，行动起来。你不仅可以适应前进道路上遇到的现实环境，还可以用这种或者那种方式留下自己的足迹。但是，如果你总是逡巡不前，哪里都去不了，什么有价值的足迹都不会留下。**

练习

如何选择

如果你有很多非常出色的想法，而且各个都能实施，选定某一个具体的想法并集中精力贯彻执行是一件十分困难的事情。请牢记，饭要一口一口吃，你必须先在某件事上做起来。

你的具体决定是什么并不重要，重要的是它永远好于不作任何决定。拥有执行力的人证实，在追求第一个目标过程中获得的经验对于追求其他更大的目标具有十分重要的指导意义。

下面的练习将帮助你判断目前应该如何正确选择。

1. 列出你正在考虑的各个选项。

2. 制定你的追求目标过程中的心理底线。（对于你来说，哪些东西是没有回旋余地的？你认为哪些条件对确保生活品质具有根本作用？）

3. 哪些选择满足你的心理底线？（哪些选择符合你没有回旋余地的标准？）

4. 一天中，你特别感兴趣的三到五项活动是什么？

5. 在你正在考虑的选择当中，哪些能够让你执行所有或者大多数感兴趣的活动？

6. 一天中，你不喜欢做的三到五项活动是什么？

7. 在你正在考虑的选择当中，哪些能够让你避免所有或者大部分自己不喜欢的活动？

如果我们用“兴趣”这个词替代“激情”，你就可以彻底实施自己的计划。

Chapter 7 第七章 别指望工作永远富有激情

The Follow-Through Factor

世界上每一本励志类书籍，每一本培训指导手册，每一个喝了一些酒的朋友都会说出同样的话：了解你的激情，重视你的激情，让生活充满激情，让一呼一吸之间都充满激情。那么，人们到底为什么如此崇尚激情呢？

就你本人所知，到底有多少人是真正依靠激情生活的？当然，那些脸上长满青春痘正处于狂热初恋状态的青少年除外，那些天生的工作狂也不包括在内。他们的激情不属于我们所说的痴迷状态。

事实上，激情和酒吧中的侍者一样令人难以捉摸，虽然很多人可能认为，如果没有激情，我们很难彻底贯彻执行力。人们放弃目标追求的第一大原因是，在最初短暂的热情之后，他们发现自己所做的工作并不像原来想象的那样可以带来心灵震颤。就像男女青年第三次约会时便开始失望一样，他们心中瞬间迸发出的火花迅速熄灭，发现那只不过是自己美好的幻觉罢了。

我曾经听无数人说过，如果他们找到自己真正喜爱的事业，即使上天入地，也会矢志不渝地坚持到底。可是，非常遗憾，至今他们还没有找到极度倾心的想法。如果你对具有执行力精神的人讲这一套理论，他们一定会嗤之以鼻，认为你是一个充满浪漫思想的白痴。

这是不是说具有执行力精神的人都冷酷无情呢？当然不是，他们只是更现实罢了。和大多数人一样，他们也十分渴望了解自己真正的激情。他们也会参加培训班，寻找人生目的。他们也知道立陶宛民族舞蹈曼妙无比，传统手工精制面包美味可口。但是，与其他人相比，具有执行力的人并不认为开设一家舞蹈学校或者一家面包房是惊天动地的壮举。相反，他们清醒地意识到，要这样做需要付出艰辛的劳动，经历诸多磨难。

或许，当你坐在酒吧悠闲地喝着咖啡时，一个奇妙无比的想法突然浮现在脑海之中，你会忙不迭地抓过一张纸巾，把它记录下来。然而，当你真正制订详细计划时，才会发现无数现实问题。于是，犹如一大盆冷水浇头，你彻底冷静下来。时下，激情作用似乎又成了一个热门话题。这方面的专家指出，我们时时刻刻都要充满激情，每天都要过着幸福快乐、富于成就感的生活。于是，很多人便认为，如果我们对自己追求的目标不是时时刻刻充满热爱，那它就不可能是正确的选择。

那么，这个人人趋之若鹜，最最时髦的激情到底是什么呢？在什么地方可以买到？于是，我查阅了大量历史文献，了解它的含义，希望借此获得一些有益的启示。我发现，激情（passion）一词来自拉丁语的 passio。它起源于公元 2 世纪，当时人们用这个词来描绘耶稣极度渴望被钉死在十字架上的内心感受。一次，与一位牧师喝咖啡时，我向他咨询了这个问题。对于普通人来说，在他们的日常工作中，例如社会工作者从事民意测验调查，服装厂工人为更年期妇女制造防潮抗汗内衣时，怎么可能体会到耶稣受难时的激情呢？他也不能给出一个令人满意的解释，于是建议我找专业从事艺术研究的专家咨询，看看他们从世俗学科角度可以给出什么有价值的认识。

的确，作家、电影制片人、作曲家、画家等艺术专业人士曾经对这一问题发表了大量意见和评论。他们的作品所宣传的思想可以归纳为：激情就是愉悦的心情和痛苦的磨难。就像从来没有完美的爱情一样，激情既意味着欢乐，又意味着巨大的痛苦。激情就像瞬间绽放的绚丽烟花，它是能量和美丽的短暂爆发，令人心醉神迷，但是刹那间，一切消失殆尽，复归于黑暗。

不要指望所有时间都拥有激情

激情就像情感的巨大海啸，它以雷霆万钧之势突然爆发，兜头盖脸压得你喘不过气来。然而，顷刻间，它又消失得无影无踪，让你怅然若失，呆若木鸡。激情的一个典型特征是持续时间十分短暂。对于上天的这种安排，我们应该非常感激。如果疯狂的热恋曾经让你丧失理智，如果坐飞机时你邻座的人正爱得一塌糊涂，和你一刻不停地讲他的浪漫故事，恐怕这种感受也会让你发疯的。

被激情之箭射中以后，你将不能正常进餐，不能正常睡眠，不能正常思考，不能正常说话，此时，你会忘记衣服需要干洗，忘记帮小孩完成家庭作业。当激情终于过去，你的热恋可能宣告结束，也有可能变得更加现实，更易于控制。于是，你又可以正常工作、生活，原来被你烦得要命的朋友也可以长长地松一口气，一切都恢复自然。伟大诗人拜伦说过："就像世界上不存在永不停歇的地震和永远不能痊愈的高烧一样，我们也不可能终生拥有激情。"

因此，没有执行力精神的人之所以失败，根本原因就在于他们的"真正激情"出了问题。他们刚刚朝一个方向前进了几步，便痛苦地停下来，认为或许另外一个方向更能让自己得到心灵上的满足。不久，他们又会发现一个更新的想法，而且常常与自己过去的经历没有什么关系。于是，他们猛踩刹车，一阵尖叫之后，正在进行的工作便戛然而止。他们又投入了最新想法的怀抱，但是这些想法常常没有经过充分思考，或者很不现实。就在不断反复之间，时光如流水般消逝，最终他们能够向世人展示的人生规划只能是一些被扔进垃圾筐的废纸而已。

我曾经采访过几十个真正拥有生活激情的人，而且这种激情日复一日永无停止。他们深深热爱着自己的事业，在工作和生活之间没有明显的区别。这些人包括著名芭蕾舞演员、环法自行车赛运动员、交响乐作曲家、登山运动员、优秀活动家、慈善家、企业家等。因为拥有真正的激情，他们的生活就像过山车一样刺激，精神与肉体不断体验着常人难以想象的刺激和快乐。他们坚信下一次活动，自己可以做到更快、更高、更强。同时，他们也承认，由于全神贯注于工作，他们没有更多的闲暇时间，也不可能发展其他兴趣，不能像其他人那样下午六点钟回到家里，享受天伦之乐。他们说，这就是自己特别专注于事业所付出的代价。可是，如果让他们改变生活方式，那将是难以想象的。

他们都是不同寻常的人，过着不同寻常的生活。他们天生就是幻想家，就像很多科学家指出的那样，他们的基因决定了他们的生活必然充满风险，充满激情。毫无疑问，他们是令人钦佩的。然而，大多数人都不属于这种极端事业狂，也不会像他们那样可以除了工作其他什么都不用想。

具有执行力精神的人不会把自己的目标计划当成多么了不起的事业。他们不会强求每天都必须过得“绝对”精彩。具有执行力精神的人也不会整天将激情挂在嘴边。他们只是表示，目标计划让他们“非常感兴趣”或者能够激发他们的“好奇心”，看到目标实现是一件“非常好玩”的事情。这些具有执行力精神的人向我们证明，在追求目标的过程中，你完全可以平衡自己的时间，可以逛街买东西，在控制好个人财务状况的条件下，照顾好家人、朋友，甚至爱犬。

为了实现自己的理想和目标，很多人认为必须富有“激情”，这种想法是很不现实的，而且对工作动力也会产生很消极的作用。如果你给自己定的标准过高，失望是必然的。

不能履行诺言的客户

客户罗恩来到我的办公室，眼睛盯着窗外沮丧地说：“你知道，我实在没有想到负责赞助工作会那样。”

“会哪样？”我问道。

他摇摇头，有点儿不耐烦地说：“就是赞助工作中的那些杂七杂八的事。”

罗恩在一家大型制造企业的公共事务部工作。几个月以来，他一直非常卖力地游说自己的公司，建议成立一个赞助活动分部。他对公司管理层进行了大量解释工作，告诉他们公司可以参与哪些活动，他可以利用什么手段在活动中宣传自己的企业等。最后，工夫不负有心人，公司老板批准了他的建议。可是现在，罗恩反而打起了退堂鼓。根据我的观察，他对自己的新工作再一次失去了“激情”。

“我是否真的愿意将所有时间和精力都花在赞助活动之中，去处理那些令人头痛的烦琐事务？为了组织一次活动，我需要面对太多的红头文件和没完没了的规章制度。你知道，我非常想和艺术家们直接合作，抛开所有的繁文缛节。”

“你是说让你的公司直接资助艺术家，而不是艺术节？”

“不是，那肯定不行。我想，我应该做代理人，或者做一个艺术家经纪人。”

“你认为艺术家代理人或者经纪人没有烦人的后勤杂务，对吗？”我略带反驳地问道。

“我并不是说这种方式更容易，但是这样我可以更加深入地参与其中。这样，我的工作热情就会更大一些。”

毫无疑问，没有人喜欢总是持怀疑态度的人。但是，对于罗恩，我不得不表示怀疑。“仅仅两周前，你告诉我你对资助艺术节非常非常感兴趣，希望通过自己公司的参与帮助各种文化活动和艺术节。”

如果罗恩将激情作为自己工作的前进动力，他也会像很多人一样，就像游泳时在原地踩水一样，虽然一直在活动，但是根本没有前进。他们一心想着某种令人难以拒绝的好机会出现，然后不顾一切地实现它。但是，这种等待可能很久很久，其间还会出现很多虚假机会。就罗恩来说，尽管他不喜欢资助工作中的某些方面，将来他还可能发现代理人工作也有很多不尽如人意的地方。

即使看似最富魅力的工作，也是一个阴阳对立的矛盾体，其中既有令人感兴趣的东西，也有令人深感沮丧的内容。如果有人对此表示怀疑，那说明他们从来没有采访过在多个城市之间穿梭演出而备感疲惫的演员和音乐家；没有注意到那些知名的开发商不得不经常跨越多个时区旅行，搞得自己神经麻木；也从来没有听到过作家痛骂杂志编辑，不断让他们改写手稿。

这是不是说，你应该放弃有关激情的想法呢？我们可以把它与关系这一概念进行对比。你的合作伙伴是不是一个非常有趣的人，吃饭时会将最后一只大虾给你留在盘子里？你是否总是坐在那里梦想一位美女朝你款款走来，她气质高贵、家财万贯、美若天仙、善解人意、令你神魂颠倒、如痴如醉？有人会说，女人平时不必费心打扮，除非对方是个美男子，很有钱，还很迷人。所以，这些人就会穿着浴衣在家里来回游荡，哪里都不去。那些具有执行力精神的人则不同，他们会与所有能带给自己帮助的人交往。他们会给自己点大虾，也会留下点浪漫的回忆。

所以，我想奉劝那些总是试图寻找激情的人，不要在不同的想法之间跳来跳去了，不要再担心有了某个想法后自己是否会有热情。世界上没有哪个人总是充满激情的。一个目标计划就像一个人，既有优点，又有缺点，世界上根本不存在完美的人，也不存在完美的事。

你追求的目标不一定必须特别出色才值得考虑实施。如果从总体上来说，它能够激发你的兴趣，包含你非常喜欢做的事情，为你提供进步和学习的机会，那么它就是你目前值得尝试的选择。

个人备忘录

不断否定自己追求的理想，并想出一系列理由证明一个想法不符合自己的兴趣，这是小孩的游戏方式。你想攀登珠穆朗玛峰吗？嘿，别傻了，玩点新鲜的好不好，那东西已经有多少人爬过了。你想写本书？你可知道，书店里那么多书，根本没有人买。找点给你带来更高回报的事做吧。你想从事销售工作？一辈子老跟在客户屁股后面求人家买你的东西，这可不是个好主意。你该找个别人求着你办事的工作。你想成为一位心理学家？嚯，你喜欢别人整天在你耳边期期艾艾、唠唠叨叨？你应该找一些让生活更加快乐的工作。很多人就是这样，似乎天生喜欢扮演“打击者”的角色。无论你制订什么工作目标，他们总会拿出放大镜替你仔仔细细地看上一番。一旦发现缺陷，他们就会将你的希望捣个稀巴烂。其实，这种“打击者”既可能是我们自己，也可能是其他人。要想对付他们，最好的办法就是赞同他们给出的负面意见，同时又不能让他们影响你的正确判断。的确，现在越来越多的人希望攀登珠穆朗玛峰，那种尝试肯定非常奇妙，不然他们为什么花大把大把的钱去干这种极其危险而又艰难的事呢？的确，很多作家写了书以后赚不了多少钱，但是他们可以通过写作获得其他有意义的东西。的确，心理学家必须整天面对心情不好的患者，但是，能够帮助他们重获新生却是非常有意义的。

不论是顺利还是曲折，你都应该坚持自己的追求，美妙的结果一定会出现。然后，你会更加坚信执行力的神奇作用。你可以将自己的计划想象成一千块七巧板，开始拼接时，你既好奇又激动，但是继续下去，有时你会感到相当枯燥乏味。然而，每当你成功地将两块拼板对接起来，心中不免迸发出喜悦的火花。于是，你会更加努力地坚持下去，直到最终完成整幅图片。做得越多，你希望成功的欲望也就越强烈。

坚持不懈就像兴趣的“燃料”，可以保证兴趣之火长燃不熄，甚至越烧越旺。一位从事中世纪历史研究的教授告诉我，她之所以矢志不渝地坚持自己的研究，就是因为她知道研究得越多，她的兴趣越浓厚，也就越来越离不开这一专业。

通常，一旦激情寻找者决定实施某项计划，他就一直被一个问题折磨：“这个计划能满足我所有的需要吗？”你根本没有理由担心，实施某项计划并不意味着你一生再也不能干其他的事情了。那些具有执行力精神的人告诉我们，在你的一生之中，目前的计划只是你众多想法之中的一个。你完全可以相信，在坚持执行一个计划的过程中获得的经验越多，你以后可以制订实施的计划也就越多，获得的成就越大。

提示卡

● 不要因为缺乏持续工作的激情彻底阻止你前进的步伐。激情仅仅是感情的瞬间爆发，不是时时刻刻存在的情感。在制订与实施计划的过程中，没有人能保证激情永远存在。

● 如果我们用“兴趣”这个词替代“激情”，你就可以彻底实施自己的计划。

● 当你不畏风雨，无论顺利还是挫折、成功还是失败，都坚定不移地追求自己的目标，你对理想的热爱会与日俱增，而不是消亡。

在贯彻执行你的目标计划时，你没有必要完全知道你认为需要知道的所有东西，因为这是一个边干边学的过程。将你的想法分解成一系列具体问题，并一次只解决一个。

Chapter 8 第八章 遭遇逆境如何坚持下去

The Follow-Through Factor

我们都知道，到目前为止，你一直在跟着感觉走。祝贺你，这样做是需要具备极大毅力的。你正在做一些崭新的工作，一些你以前从来没有做过的事情。所以，你不能确定自己的所作所为都是正确的，这很自然。如果有迹象说明你是正确的，你可不可以采取心理暗示法，假装拥有，等待它们真正出现？

“假装拥有直至真正拥有”是具有执行力精神的人常常使用的自我激励方式。所以，你完全可以像他们那样，在办公室甚至浴室镜子面前激励自己。虽属权宜之计，但这应该是你目前可以选择的最好办法。显然，经验具有十分重要的指导价值，不过因为你目前缺乏足够的经验，心理暗示法可能是最好的选择。你可以用下面这个格言鼓励自己：“不怕慢就怕站。”

每个实施新计划的人，不久便会遇到这样一个难题：不知道应该朝哪个方向走。很多人感到极度迷茫，甚至完全停下了前进的脚步。然而，那些拥有执行力精神的人则会以合适的方法解决这一问题。当你感到迷茫时，只有一种方法能够确保你继续前进——闭上眼睛，往前跳。

给大家讲一个关于杰克的故事。杰克原来在一家涂料公司的市场营销部工作，几年之后，他决定改行做一名装修色彩设计顾问。当时，根本没有人知道这是一种什么职业，其实杰克也不太清楚。他只是觉得，自己可以到人们家里宣传，只要对方出价合适，他便可以告诉他们房间应该设计成什么颜色。对于他来说，这是一个很不错的想法。但是，当人们花钱买了海藻绿涂料刷完墙壁仅仅十二小时之后，很快就会后悔，感觉效果实在难看，自己就像被关在一个菠菜奶油沙拉大罐子里面一样。此时，如果有一位色彩设计顾问告诉他们，因为沙发采用的是螺旋花纹呢布料，不适合与海藻绿墙壁搭配，这样这位客户既可以节省资金，又可以省去很多烦恼。

事实上，杰克并没有多少色彩设计经验，更称不上这方面的专家。他唯一拥有的经验是，上大学前，曾经在一家高档百货商店做过几年的销售工作。当时，男装部经理常常称赞他很擅长与客户打交道，对于流行时尚很有见地。杰克长有一张巧嘴，能够把非常不在乎着装打扮、腰带快要系到夹肢窝的邋遢男士转变成讲究色彩搭配、极度追求时尚的前卫人物。

长话短说，杰克所在的公司审查了一下他的经历和资质，拒绝了他的要求。老板说，家居装修色彩设计顾问这想法过于新潮，公司不能担这个风险。不过，令他欣慰的是，公司同意他可以在业余时间自行开展这一业务。而且，和其他所有承包商一样，如果他代替客户购买涂料，可以按规定拿到10%的折扣。没有涂料公司做后盾为自己宣传，杰克不知道如何开展自己的咨询业务。于是，和其他人一样，他做的第一件事是：好好设计印制自己的名片。设计名片花去了几周时间。当他从名片制作商那里拿到名片时，心中感到十分迷茫与恐惧——接下来究竟该怎么办啊？

通常，面对新想法但不知道如何具体实施时，人们就会试图从书籍中寻找答案或者上网查找信息。于是，他们不断查找，不断分析，时光如梭，一晃就是数月。

和其他人一样，杰克也进行了大量的分析研究。结果，如果客户询问有关色彩搭配互补、日光照射效果或者六十瓦荧光灯的影响作用等，他都能说出一套理论。阅读了有关颜色搭配方面的书籍之后，他开始浏览自主开业方面的信息。最后，他找到了一个模板，按照它的指引完成了自己的业务计划书。然后，他又担心起来，下一步该怎么办呢？

于是，他便闭上眼睛往前闯。虽然心都提到嗓子眼了，他还是硬着头皮联系了五名室内设计师。按照自己的业务计划书，杰克认为需要与五名室内设计师进行横向联合，才能正常开展业务。在会见设计师之前，他在脑海之中反复练习了会谈过程。

“嗨，你好，我手中有一个服务项目，可以帮助你和你的客户。”这是他的开场白。

“你是销售什么的？”室内设计师毫不客气地问道。

“我是一名色彩研究顾问，我……”

“你是染头发的？打错电话了。”

“不是，我帮助人们决定室内装修最佳色彩搭配，使之很好地配合他们的家具、个人爱好……”

“嘿，我本人就是一名室内装饰设计师，色彩搭配本来就是我的工作之一。我为什么要把自己的客户介绍给你呀？”

“好吧，谢谢。”

后来，我问杰克：“通过这件事，你得到了什么教训？”

“我不可能从室内设计师那里获得客户。对于我不擅长的工作，应该明确指出。”

然后，杰克又走访了家具商店，那也是他计划书中的一部分。他恳求商店经理收下他的名片，不过常常遭到拒绝。显然，客户不习惯对家居装修色彩搭配进行咨询，商店经理也不认为自己应该向客户推荐杰克的服务。

尽管经历了不少波折，杰克最终还是建立了自己的业务。他通过帮助朋友以及朋友的朋友选择新居装修合适的色彩搭配，获得了不错的口碑，业务慢慢发展起来。他将自己服务项目的前后对比效果拍摄成照片，收集了一些满意客户的感谢信，然后拿着这些资料再次来到自己的公司。这次，公司领导爽快地同意在所有城市的涂料商店结账柜台上摆放他的业务名片。杰克到这些商店费了很多唇舌，才获得了一些机会，在商店举办配色设计表演。现在，他已经成了一名色彩搭配顾问。

任何以执行力精神从事新业务的人、都遇到过类似杰克遭遇的风险和挫折。总之，不论你从事的业务是什么，必须在某个时间向其他人推销你的想法。因为缺乏经验，这个过程通常十分艰难。最好的销售方法就是利用 C 类客户（译者：成为正式客户可能性最小的潜在客户）完善自己的宣传策略。这一过程需要很大勇气，需要多次尝试，面临多次挫折。不过，你可以从这些人身上获得很有价值的经验和信息，以利再战。在遭遇足够挫折、掌握足够经验以后，你可以去面对 B 类客户。最后，针对 A 类客户展开攻势。

如果你对宣传结果抱着满不在乎的心态，产品或者服务推销就变成了一件极为容易的工作。但是，如果你对宣传结果特别在意，那将变成一项非常恐怖的工作。大多数人会向朋友或家人寻求意见或建议，但是一定不要将其与专家指导混为一谈。

当你不得不往前跳时，必须充满信心

大卫·奇尔顿（David Chilton）是一位传奇性人物，他自行出版的著作《富裕的理发师》获得了数百万册的惊人销量。与十年前刚刚出版该书时相比，这本书给他带来了大量财务规划顾问方面的业务。但是当初，当他刚刚从印刷厂拿到几箱自己的新书时，根本不知道从何下手。不过，在写作该书期间，他曾经将一些章节发给了自己的朋友和亲戚，征求他们的意见。大卫表示，他当时这样做并不是为了获得亲朋好友的支持，完全是为了了解人们对这些章节是否感兴趣，是否对他们有所帮助。这些人十分肯定的信息反馈给了他极大的信心，鼓舞着他坚持走过了出版初期的艰难时光。虽然大卫获得了亲朋好友的反馈，但是他们对于自行出版和图书营销同样没有经验，所以大卫并没有按照他们的具体建议来推广销售自己的著作。

在真正作决定时，我们要接受自己必须孤军奋战的现实。如有可能，可以向相关专家进行咨询，否则，就自行制订实施方案。一定牢记，不要让普通评论者帮你确定下一步的行动方案。因为选择性错误导致失败常常令人后悔不已，但是如果你听从张三李四的建议错过了一次难得的机会，那种懊恼可能更甚吧。

我的客户尼基希望做一名儿童图书插画家，但是不知道自己的哪类作品会打动出版商，并让自己顺利获得这份工作。因为要提交一些作品给出版社参考，她十分担心自己因选择错误失去这一难得的机会。于是，她开始向自己的所有亲朋好友征求意见，结果收到了很多相互矛盾的观点。经过一番痛苦的思想斗争以后，她最后决定听从她最好的朋友的意见——应该创作一套全新的系列。此时，尼基感到极度沮丧，一度想放弃，将所有作品连同自己的希望一股脑儿扔进垃圾箱，一了百了。

那么，尼基的这位好朋友是何许人也？她的长项是在投资分析上，而不是图书出版业务。她从来没有和孩子玩耍的经历，当别人问她是否知道《晚安月亮》（*Goodnight Moon*，一本儿童经典故事书）时，她竟然说自己不喜欢读智力启蒙类书籍。她可能比大多数人更清楚如何解读股票走势曲线，但是在儿童出版业务方面，尼基真的不应该按她的建议行事。

个人备忘录

每个人都希望自己是专家。如果你向他人征求意见，每个人都会很爽快地表达自己的观点，不管他是否非常有资格，因为任何人都不愿意放弃充当权威的机会。这些“权威”顾问还有一个共同特点，就是尽量避免承担责任。出于这种心理，提出意见后，他们又会加上一句：“但是，这只是我个人的看法。具体怎么做，你还要自己拿主意。”这岂不是说，你们聊了足足十五分钟纯粹是浪费时间吗？本来你就犹豫不决，这些非专业性意见和未经深入思考的观点只能让你更加晕头转向。所以，如果你向非专业人士征求意见，应该仅限于计划的一个方面。例如，尼基不要问朋友们自己应该把哪些绘画作品放进求职档案里，而是拿出两张最满意的作品，让他们帮自己选择。

有时，无知是福

有时，无知可能是一种福分。如果你知道的不是很多，反而不会顾虑重重，更容易大胆尝试。当我决定增加指导咨询服务时，我与很多公司进行了联系，在午餐时间为它们提供免费讲座。这些讲座不仅免费，而且我还要自带盒饭，现在回想起来都有点不寒而栗。讲座过程中，我生硬地加入了很多没人感兴趣的细节，在很短时间内组织了太多活动，人们满嘴都是金枪鱼三明治和沙拉，我就强迫他们快速发表意见。一生之中，有时天真幼稚也能产生积极效果，至少可以让你获得一些有益的经验教训。我自认非常擅长指导咨询讲座，这对我起到了很大的帮助作用，否则我不可能有信心拿着资料到企业董事会办公室进行演讲。正是这种有些幼稚的盲目自信使我获得了必要的工作经验。不久，我便提高了自己的午餐免费讲座水平，并签下了一个相当不错的业务合同。

不知道如何更好地宣传自己的理念，或者不知道如何实施下一步工作计划，都是很平常的事情。你必须经历某些痛苦，甚至某些人为制造的羞辱，才能慢慢聪明起来，找到更好的工作方法。这个过程确实很痛苦，有时甚至让人发疯。然而，我们可以完全确信的是，这些不可避免的错误也是一笔丰富的精神财富，你可以用它们激励那些跟在你身后，首次遇到挫折的人。

任何一个拥有执行力，在新领域坚毅前行的人，都会遇到大量困难与挫折，都有大量的经验教训。**正是这些看似莽撞的活动和追求理想过程中遭遇的绝望与失意，才让我们的生活更有意义，才能进一步激发他人的兴趣。**

当然，哆哆嗦嗦地开始确实痛苦，但是因为没有经验就不敢迈出家门更加糟糕。很多人曾经有过非常出色的想法，只是由于不知道如何实施而放弃了尝试，这实在令人痛惜。现在，多亏有了搜索引擎，你可以很容易搜集到必要的信息，并在它们的指导下开始实施自己的计划。而且，每个人都可以通过研究活动获得必要的工作经验。在人生的某些阶段，我们必须依靠自己作出抉择，找工作、买房子、办抵押贷款、卖自己的旧汽车、离婚、选择宠物、搬到一个新城市生活等。回顾自己的人生经历，你可能发现好多事开始时自己眼前一片漆黑，但是最终你还是从黑暗走到了光明。

通过提问寻找答案

具有执行力精神的人会告诉我们，当你准备追求自己的目标时，没有必要像自己想象的要知道很多东西，这是一个边干边学的过程。为了前进，你唯一需要做的事情就是把注意力全部放在下一步行动上。如果你对下一步的具体内容不太清楚，可以借用一个问题提供帮助。这个问题曾经让无数人取得了成功，那就是："我需要弄清的第一件事情是什么？"

"勤问必有所得"这一原则确实能指导你创造奇迹。假设你希望从尼日利亚进口花篮，但是除了上次到加勒比海度假带回过两瓶朗姆酒，你对进口业务一无所知。于是，你首先想到的问题是："我在哪里可以找到有关货物进口的信息？"通过 Google 搜索，你可以得到许多有用的信息，让你踏上商品进口的正确道路。随着时间的增加，你的知识会越来越多。在获得了必要的初步信息以后，你便开始寻找并联系业内人士。很快，你便可以得到一些答复。下面，你需要分析业务过程是否合理。此时，你需要考虑的问题是："我在哪里可以找到销售这些花篮的分销商？"显然，这个问题又会让你进行进一步研究，然后你就会获得更多的信息。你的目标是什么并不重要，重要的是，你应该将自己的想法转换成具体的问题，然后一步步地具体实施。

我发现，记者们常用的五个 W 和一个 H 的提问分析方式是非常有效的出发点，它们可以像火箭发射架一样，将你发射出去。利用它们，你可以创办一家新企业，建议公司提供一项新服务，或者发展一项个人爱好。这些提问方式可以归纳为：什么（what），谁（who），为什么（why），哪里（where），何时（when），如何（how）。

下面，给大家讲我两个客户的例子，看看他们是如何通过思考这些问题一步步推进计划实施的。佳斯敏是一个采购代理人，计划办一个母子休闲园。安德森是一名系统分析师，希望学习彩色玻璃制作工艺。

1. 什么?

佳斯敏问自己："我为客户提供什么活动?"通过大量阅读幼儿教育杂志，与儿童保健护士及初为人母的妈妈交谈，她找到了答案。

安德森对自己提出的问题是，自己希望从事哪种类型艺术的创作。

2. 谁?

佳斯敏进行了一番调查，了解哪些人将是自己的主要客户对象。她与各种协会会员、旅行社工作人员、第一次生孩子的妈妈、单亲妈妈、幼儿妈妈、儿童妈妈等讨论了自己的想法。

安德森询问自己，哪些人可以帮助他学习玻璃工艺。

3. 为什么？

佳斯敏分析了妈妈们对自己提供的服务项目感兴趣和不感兴趣的原因，这样她就可以决定哪些内容应该积极宣传，哪些项目应该进一步解决。

安德森询问自己，为什么从事彩色玻璃工艺适合自身发展。

4. 哪里？

为了回答“我在哪里举办休闲园，成本如何”，佳斯敏走访了附近的小客栈和简易旅馆。

安德森思考的是，在哪里找一个地方开展艺术创作，并分析了将自己的地下室改造成一个工作室的可能性。

5. 何时？

佳斯敏与客栈老板和妈妈们进行了交流，确定周末休闲娱乐的最佳时间。

安德森则调查了指导工作室何时提供培训。

6. 如何？

通过询问自己如何开发客户，佳斯敏在网上查找了一些为幼儿父母提供服务的组织和出版商，以便通过他们宣传自己的休闲园计划。

安德森分析了自己如何重新分配时间，以便参加每周的培训课程。

当我们准备提供一种新服务或者某种新产品时，常常会问自己这样一个问题："我怎样才能打进市场呢？"通常情况下，我们会实施一系列枯燥烦琐的工作，撰写报告，价值主张，促销材料，然后出去挨家挨户敲门宣传，似乎所有这一切都非常顺理成章，都是正确的工作方式。

"假装表现法"（act as if）是一种常用的创业指导方式，它确实可以让你创造奇迹。但是，如果你内心发抖，认为整个世界都能看穿你没有经验，这一方式就很难实施了。但是，如果你提醒自己，人们看到的是你展示给他们的东西，一定会对你有积极的帮助。你不应该向潜在客户表现出你对自己的能力有所担心，或者让他们感觉到你不自信。

不论你是经验丰富还是刚刚接触一个新的领域，你都应该让人们相信，你一定能兑现自己的服务承诺。你面临的挑战是想办法获取必要的信息，掌握实现目标所需要的技能。你的听众不需要知道也不想知道这些幕后的逻辑。当你乘坐飞机时，你不会希望飞行员这样宣布："先生们，女士们，我们的飞行高度是三万五千英尺。另外，我想告诉大家，这是我第一次担任机长职务，所以我有点紧张，甚至心跳有点过快。不过，请大家放松，好好享受飞行带来的快乐。我希望一切顺利。"

自然，当人们第一次接触一个新项目或者从事一个新业务时都会觉得经验不足，然而，作为新手，他们仍然可以为你的团队或者客户提供极为出色的价值和服务。为了证明自己更有经验，他们会比任何人都更加努力地工作。

我们前面讲的那位色彩顾问杰克至今还记得，在会见第一位付费客户之前，自己是如何的寝食难安。他认为，客户会揭穿他的把戏，知道他没有经验，称他是个大骗子。“我还记得晚上怎么也不能入睡，责问自己为什么如此愚蠢，竟然去做那些受过正规教育、经验丰富的室内装饰设计师从事的工作。”

杰克说，帮助他顺利“蒙骗”早期客户的方法是不断回忆一对夫妇讲述的一个故事。他们聘请了一位很有名气、收费很高的室内设计师为自己进行室内装修，结果却大失所望。杰克说：“这件事让我知道，即使非常著名的设计师也有搞砸的时候，于是我心里便舒服多了。之后，我一遍又一遍地告诉自己：‘客户可能不喜欢我的创意，但是没有人能保证他们一定喜欢更有名气的色彩设计顾问的方案。’”经验和出色的设计没有必然的联系。虽然如此，杰克仍然承认，刚刚开业时他提供了很多免费服务。他之所以这样做，是因为他觉得自己在这一过程中学到了不少东西。

假装你发现有迹象证明你是正确的

假如你在行动上表现得好像非常了解自己所从事的工作，那么你就会以自己所能想到的最佳工作方式大力推进自己的目标计划。20世纪初，美国著名心理学家和哲学家威廉·詹姆斯（William James）提出了一种方法，至今还为很多人所使用。他认为，我们的身体活动会影响我们的情感。他说，如果你主动微笑，你就会感到快乐，如果你哭泣，你就会感到悲哀。他在《放松的真理》（*The Gospel of Relaxation*）中写道："如果我们的自发性快乐感消失，重新获得快乐的革命性途径就是很快乐地坐下，很快乐地环顾四周，言谈举止间就好像快乐就在你的内心一样。如果这种方法不奏效，那再也没有什么别的办法让你快乐了。所以，如果你希望自己很勇敢，就假装表现得很勇敢，调动自己所有的意念支持这一想法，最终勇敢的心态必定取代恐惧的心态。"

心理学家保罗·埃克曼（Paul Ekman）是一位世界著名的非语言交流领域先驱，他进行了大量研究来证明詹姆斯理论的正确性。埃克曼进一步发展了詹姆斯的理论，认为面部表情和大脑思维变化存在联系。他说："人的面部并不仅仅是展示情感的一种手段，还是触发情感的一种工具。"正如詹姆斯指出的那样，科学证明，不论你的真实感受如何，微笑行为本身会引发大脑中的某些活动，而这些活动一般是与良好情感相关联的。换言之，挺胸抬头，昂首阔步，你就会越来越自信。

"假装拥有，直至真正拥有"的意思是说，以信念而不是事实为基础，相信自己有解决问题的能力，并按照这一信念坚持下去。即使你不知道自己的工作方式是否是最好的，但是仍然坚持实施，并对周围世界表现出你很自信，表明你正在做正确的事情。这是每一个具有执行力精神的人的成功之路，千真万确，而且屡试不爽。

提示卡

- 因为你正在尝试某种新的东西，你不可能总是知道解决问题的答案，不可能从书本中学到你需要的所有技能和知识，也不能完全指望朋友，因为他们知道的可能还没有你多。
- 在实施你的目标计划时，你不必完全知道你认为需要知道的所有东西，因为这是一个边干边学的过程。将你的想法分解成一系列具体问题，并一次只解决一个。
- 有时，你不得不实施“假装拥有，直至真正拥有”的策略。假装你知道自己是正确的，并大胆实施自己的计划。只有经过不断尝试，才能获得自己欠缺的经验。

练习

“假装表现法”三部曲

为了实施“假装拥有，直至真正拥有”的策略，你常常需要掩饰自己的真实感受，以更加自信的方式展示自己。请记住，人们关注的只是你展示给他们的东西。不论你是经验丰富还是刚刚涉足一个新的领域，你都需要让人们相信，你会言出必行，一定会兑现自己的承诺。

下面我们讲一个三步走的策略，帮助你假装信心十足并成功影响他人，让他们自然而然地对你产生信任。其中，最重要的是，当按照自己的希望表现时，你就会真正成为理想中的自我。

第一步：那到底是我在说话，还是一只老鼠在吱吱乱叫？

通常，我们会通过自己的面部表情、嗓音和身体姿态表现出自己的紧张情绪。有人紧张后，参加会议时说话会很快；有人则会低声说话，在座位上来回扭动，或者眼睛盯着脚面，不敢抬头。我有一个客户，一旦紧张就会不断用手抓后脑勺，结果让别人也不自在起来，就像怕他头上的虱子会蹦到自己身上一样。

要想不让自己向他人传递紧张的信息，你就应该在脑海中想象自己只有一个十分强大的形象，告诉他你不想有什么消极表现，他就会告诉你应该如何做。这是一种心理反馈技术，通过不断地拒绝那些负面表现，最终得到自我改善。

在你内心描绘一个形象，可以是真实的，也可以是虚构的。这个想象出来的人既懦弱又紧张。它可以是一个人，也可以是一个动物，例如一只老鼠或者一只兔子。然后，把你想象的内容写下来：

____

____

在你参加会议或者进入一个新工作环境前，想象你具有这个人或者动物的性格。回答下列问题：

作为这个人或者动物，你感觉如何？

____

____

你的身体姿态是怎样的？你的状态怎样？

____

____

你的面部表情如何？你向他人传递的是什么心态？

____

____

当你讲话时，你的视线停留在哪里？

____

____

你讲话的声音如何？太高还是太快，太慢还是太低？

____

____

对于那些你希望说服的人，你留下了什么印象？

____

____

你是否认为人们相信，你可以言行一致，履行自己的承诺？

____

____

第二步：雄鹰降临

现在，请你想象一个非常强大的人或者动物。把你想象的内容写下来。

____

____

然后，想象你就是这个人或动物，以他们的力量和信心去参加会议或者工作。回答下面的问题：

作为这个人或者动物，你有什么感觉?

____

____

你的姿态怎样? 你的状态怎样?

____

____

你有什么样的面部表情? 你向人们传递的是什么心态?

____

____

当你讲话时，你的视线看的是什么地方?

____

____

你的嗓音是什么样的？

____

____

对于你想说服的人，你给他们留下了什么印象？

____

____

你是否认为，人们相信了你所讲的内容，相信你一定可以兑现自己的承诺？

____

____

第三步：记住“假装表现”这个原则

将上面想象的具有强大力量和信心的人或动物作为自己的模仿标准。这个形象可以是一幅图画，也可以是笔或者表等物品，甚至可以是代表力量的石头。

想象这幅图画或者触摸这个物品，帮助你获得自己希望的力量和自信。

如果在与一个人或者一群人交往的过程中，你仍然感到恐惧，你就应该问问自己，是希望成为上面描述的懦弱之人还是强大的人。你会发现，仅仅通过这样的考虑，你的行为就会得到明显的改善。

必要时，你应该像一位空手道高手那样对内心动摇军心的恐惧或怀疑痛打一番。当你对内心的恐惧怒目而视时，它就会像一条疯狂咆哮的恶犬受到痛击一样，夹着尾巴灰溜溜地跑掉。

Chapter 9 第九章 不要被恐惧束缚住手脚

The Follow-Through Factor

恐惧长有一副十分古怪可笑的面容。请你对着镜子，把眼睛睁得大大的，然后皱眉。嘿，那就是你恐惧的样子。同时，他也在直勾勾地看着你，就像一只大暴眼鸸鹋晚上被汽车车灯震慑住而傻呆呆的样子。

只要稍加纵容，恐惧就像来自地狱的不速之客进入并控制你的精神。一旦恐惧占据了你的内心，自信就会消失得无影无踪。虽然别人告诉你不要忧虑，因为我们担心的事情绝大多数都不会发生，即使发生最糟糕的事情，你还可以学会对付它的办法，但是，你就是不相信。于是，你的行为就会显得十分怪诞。你会平白无故地跑到洗手间，将水泼在自己脸上，看到镜子中一只暴眼鸸鹋正惊骇地盯着你。此时，你心中仅存的一点信心也会顺着下水道狂奔而去。

每个人都有恐惧感，这是人类的本性之一。恐惧是一种生存本能。如果没有恐惧感，人类可能生存不到今天，或许蚂蚁才是我们这个星球的霸主。如果我们的祖先听到老虎吼叫时没有仓皇躲进山洞，他们就会成为这些大型猫科动物的美餐，我们就不可能有现在的文明。直到今天，恐惧仍然对我们具有很大的保护作用。因为恐惧，我们才不会走黑魆魆的小巷；因为恐惧，高尔夫球新手打球时我们才会躲远一点。所以，我们理所当然地认为，恐惧感是我们保护自身的一种安全手段。但是，问题是恐惧感有时会使我们不能正确地控制自己，会使我们的行为有些怪诞。我们具有非常强烈的自我保护意识，如果不加以合理控制，它就会像一位过分担心安全的交通协管员一样，阻碍交通的正常运行。你刚刚伸出一只脚准备穿越马路，这位协管员便吹响了口哨，叫你马上停下来，原因是有一辆汽车正从十五个街区以外驶来。在这种状态下，你还能到达自己的目的地吗？绝对不可能。

恐惧感会让你画地为牢，彻底停滞不前。如果你试图赶走它，恐惧会猛烈反扑，甚至表现得极度疯狂。它会朝你的心口重重地打上一拳。当你站在演讲台上，本来没有任何危险能够伤害你，但是恐惧感就像恶棍一样不断折磨你。虽然听众都是世界上最善良的人，比如整个演讲大厅的观众都是修女或者民族歌手，但是你的肠子在绞痛，你的心脏在狂跳，你的手心在出汗，你的膝盖在发抖。为什么？虽然你也知道不可能，但是你就是忍不住想某位修女是空手道高手，会不会偷偷上来给你一顿暴揍？不，根本不会，这只是你的自我保护意识过于强烈所致。事实上，你心中的恐惧在大声叫喊："赶紧走开，你这个蠢货。你会彻底失败，在众人面前出尽洋相。所以，从讲台上下来，慢慢躲到幕后去。"

如果不予以正确控制，恐惧感什么积极作用也不会产生。如果你控制住了恐惧感对身体的折磨，它就会马上转变进攻策略，将自己打扮成一个充满智慧的老巫婆，用尽人皆知的陈词滥调提醒你："要走大路，不要走小路。走的人最多的路才最安全。"如果你与它理论，希望作新的尝试，恐惧感就会提高警报级别。如果你坚持冒险，恐惧感就会对你进行恫吓。似乎为了维护你的利益，它会大声警告，你不适合冒那样的风险。它会说："等等，伙计。丛林统治者是老虎，而你——我的朋友，更像猴子，根本不可能像凶猛的猫科动物那样所向披靡。"

恐惧只是色厉内荏的无用之辈

恐惧感极端反对人们的冒险行为，所以它会极力怂恿你固守现状，让你一直待在小小的浅水坑里，永远别指望到蔚蓝的大海中探险畅游。虽然待在乌龟状塑料盆中的生活并不理想，但是除了淹死几只小小的飞虫以外，那里极其安全。正像人们常常警告的那样："明枪易躲，暗箭难防，与了解的魔鬼打交道总比与完全陌生的魔鬼打交道要好。"从恐惧心理角度来看，生活就像一座由纸卡片做成的房子，极度脆弱，轻轻触摸任何一张卡片，整座房子就会轰然倒塌。但是，如果不作任何尝试，就可以避免这种厄运。

恐惧是我们内心的批评家。如果现实生活中有这样一个批评家，恐怕所有人都会退避三舍，和他相处不到两分钟我们就会避之唯恐不及。但是，这种内心的批评家一直陪伴着我们每一个人，以我们的不安全感为基础，总是提醒我们注意自己的缺点。每当你觉得会让某个人失望时，不论对方是一个成年人还是一个六年级的老师，你内心的批评家都会起到关键作用；每当某个人叹息你没有达到他的期望时，你内心的批评家也会将对方的抱怨记录下来；每当你把一件事情搞砸以后，你内心的批评家都会把信息储存起来；每当你感觉未能满足某人的要求时，不论是你认识之人的要求还是社会大部分人的要求，你内心的批评家都会注意到，将你的失望记录下来，以便以后随时提醒你。

所以，你的一只耳朵一直听到恐惧本能在警告你，要你放低姿态，因为外部世界充满危险。虽然很多人做事的初衷是好的，但是危险常常降临到他们身上。他们失去工作，失去恋人，失去宠物，似乎坏事总是降临到他们头上。如果你的生活还过得去，那么看在上天的分儿上，不要去碰纸片做成的房子。于是，恐惧本能一遍又一遍在你的耳边拉响警报，告诫你留在马路边上，不要上路，不要去招惹命运之神。此外，在另外一只耳朵中，你的内心批评家也在不断聒噪，历数你的不足，然后质问，既然你有如此多的缺点和如此多的失败，你怎么可以打破现在平静的生活，试图获得成功?

我们常常将恐惧和内心批评看成对我们的关爱，它们只是提醒我们小心谨慎罢了。但是，恐惧和内心批评并不像现实生活中抚养爱护我们的老奶奶那样，她们也常常不断唠叨，叮嘱我们多加一件衣服以防着凉。恐惧和内心的自我批评会产生十分消极的影响，如果不加控制和正确引导，会完全束缚我们的手脚，让我们一事无成。关爱的声音则不同，它鼓励我们采取行动，同时提醒我们要睁大眼睛，警惕可能出现的危险。当我们提醒自己小心时，我们就打开了内心的雷达，扫描各种潜在危险。如果我们告诉自己，我们不够优秀，不能实施自己的目标计划，否则就会发生极其可怕的后果，实际就阻止了我们采取任何积极行动。

恐惧和内心的自我否定是一对可恶的双胞胎，但是又是实实在在的客观现实。现实生活中少数非常勇敢的人，例如和鲨鱼一起游泳的人或者酷爱攀爬结冰瀑布的人，他们在决定实施这些活动之前，肯定也在卫生间面对镜子进行过内心的激烈斗争。上天对每一个人都是公平的，同样给了这些人恐惧感和自我否定情绪，但是他们的决定与大多数人相去甚远。那些拥有执行力精神的人并不比其他人更自信或者感到更安全，但是，他们就像刚刚学习溜冰的人一样，摇摇晃晃地滑进了溜冰场中央。虽然他们站立不稳，滑姿不雅，但是他们仍然鼓励自己离开墙壁向前滑去，加入那些经验丰富、快速滑动的人群当中。虽然他们也有很多担心，但是他们更希望得到滑冰的乐趣。恐惧总是希望陪伴在你的左右，所以你需要做的就是闭嘴。

个人备忘录

无论什么时候，只要一个人试图尝试某种带有一定风险的新事物，人们常常向他提出这样的问题：“万一……你怎么办？”大致情况一般是这样的。你说想辞职，希望自己创业，有人就会说：“万一你病了，怎么办？你的公司还怎么运转？”假设，你轻描淡写地回答道："我会买保险。"对方反问："如果你交不起保险费，怎么办？"你可能回答，如果迫不得已，还可以再找一份工作。对方说："但是，你年龄已经大了。找不到工作，怎么办？还有，如果你病了，怎么办？如果你因为生病不能工作，怎么办？"你说，如果不得已，你还可以卖掉房子。"但是，房子是你唯一的生活基础。卖了房子，你还怎么生活？"这种谈话方式十分普遍，而且常常是恐惧占了上风，以你的失败结束谈话。大多数人在认输之前，都会为自己辩解一番。我们一般会有几个不同版本的计划，优秀的A计划，不错的B计划，一个可以接受的不为外人所知的C计划，而且还有一个在我们自己看来都特别糟糕的D计划。如果有人问："要是发生地震，你该怎么办？"谁能给出一个令人满意的答案呢？可以肯定地说，没有人能最终赢得这个问答比赛，所以最好的对策就是，根本不参加这种无意义的辩论。或许，对于这种问题最好的回答就是："如果那样，我就跳楼。"这样辩论便会戛然而止。谁也没有奇异的水晶球可以预测未来，不过庆幸的是，不论发生什么事情，我们都能处理得比预想的要好。

恐惧感有其积极的一面。但是，对于每一个令人生畏的"怎么办"的问题，我们都可以反问"那又怎么样"。玛雅创办了自己的广告公司，并将客户定位为那些生活在北美的印度人和南亚人。有人曾经问她："如果你的公司不能赢利，怎么办？"她发现，这个问题的唯一答案就是："那又怎么样？"她说，如果过了两年，她的公司不能赚钱，她就去一家大型广告公司求职。如果对方再问她："如果没有人聘请你，怎么办？"尽管这种情况不大可能发生，但是万一出现这种情况，玛雅说自己完全可以去承包业务。她是一个很有能力的人，肯定能做成一些事情。

当然，对于那些没有"救生设备"就纵身跳进未来这片茫茫大海的人来说，这些回答可能有点儿狡辩的味道。其实，当糟糕的情况确实出现时，很少有人可以潇洒地耸耸肩说："好吧，这没什么，让我们继续接着干。"大多数人不是这样，我们会发疯地撕扯自己的头发，大声咆哮，咬牙切齿地痛骂，然后感到心情极度沮丧。人们总会经过一段时间，才能从惊慌失措过渡到寻求自救的状态。但是，无论怎么样，我们最终都能度过这段艰难的时光。如果你原来贯彻执行力的过程中有些鲁莽，此时应该调整一下自己的信念，收拾好行囊，重新上路。

我们心中的王牌

内心的批评家经常拿我们过去的缺点和失败奚落我们，但是，每个人的内心还有与我们并肩作战的斗士，随时可以把它手中掌握的王牌甩在桌面上与批评家对垒。虽然我们确实偶尔失败并显得狼狈不堪，但是我们成功的时候总比失败多。

诚然，每个人都希望自己更聪明、更睿智，但是我们也知道，要想在现实生活中获得成功，并不一定非要人人成为爱因斯坦。那些具有执行力精神的人都表示，如果我们希望成功，就不要因为过去未能达到他人的期望或者标准而士气低落，我们必须抛弃自己注定失败的错误认识。实际上，标准只是判断的一个同义词。人们的判断常常过于苛刻，而且他们关心的主要是自己的利益，而不是真正客观地评价你的工作情况。

卡琳娜是一位人力资源领域的专业人士，拥有商业指导与咨询执业资格，并开展了相关业务。但是，她公司的副总裁对她不太信任，认为她的指导效果不佳。她说："我的老板对我过于苛刻，总是像训练小狗一样举着套圈让我钻，而且一个比一个高。当我取得了培训资格证以后，他告诉我，我不适合做培训工作，因为我不懂商业心理学。那时，我开始相信他说的是对的，或许我确实不具备商业培训的资格。"

但是，后来一位同事的玩笑话让她从沮丧变为了愤怒。她的同事说，即使她获得了本地一所大学的心理学博士学位，老板也不会信任她。老板会说："可是，卡琳娜，你并不是哈佛大学的心理学博士。"卡琳娜说，从那时起，她再也没有让那位老板的意见影响自己的信心。她说："最后，我终于明白，问题根本不在我这儿。这人根本不想让他的员工从事指导工作。他可能很紧张，担心大家对他不满而离开这个公司。大约两年前，我不再征得他的许可，我只是告诉他，我要尝试着提供就业指导。现在，我已经成了公司内部的就业指导主任。"

不要丧失信心，要"疯狂"

当你的工作进展一切顺利，你可以用积极理智的思想战胜恐惧和怀疑。但是，大多数情况下，当你在前进道路上遇到点小麻烦，防御能力下降时，这两个小鬼就会找上门来，上蹿下跳，对你指手画脚。当你感到脆弱时，它们就会用手指戳着你的胸口，对着你的耳朵大呼小叫。于是，你开始相信，在最困难的时期，你解决问题的方法是愚蠢的，你曾经取得的成功与失败相比实在无足轻重。

此时，那些具有执行力精神的人表示，**反击的唯一办法就是挺起胸膛，变得“疯狂”。**这并非玩笑之语。当不利条件压得你喘不过气来，你开始列举所有理由告诉自己为什么不应该、不能、不会实现自己的目标时，干脆停下来，大声尖叫。为了挽救自己的想法和抱负，你应该大声呐喊，在气势上压倒质疑的声音。对怀疑要毫不留情地唇枪舌剑地反击，就像一位黑带空手道高手那样猛烈地攻击敌人。在恐惧和怀疑试图消灭信心时，很多成功人士使用的就是这种方法。当你没有被恐惧吓倒，而是变得愤怒时，恐慌和怀疑就像一条龇牙咧嘴疯狂咆哮的狗受了重重的一击，夹着尾巴逃跑了。

我常常鼓励自己的客户设计一些鼓舞士气的战斗口号，以反击怀疑和恐惧。对于我来说，当焦虑情绪试图迫使我中途放弃一个计划时，我就会大声喊道：“这次不行！”我的客户布鲁克原来是一名记者，后来创办了自己的媒体培训公司。当她感到信心不足时，常常使用的口号是“看我的”。我的客户马库斯升职后，他常常整晚都睡不着觉，担心自己是否有能力接管一个营销部门。但是，后来他这样告诉自己：“担心有什么用，干就是了。”结果，他反而睡着了。

一个战斗口号就是你对恐惧心理语言层面的反击，其作用和积极肯定没有什么区别。一个积极肯定就是以成功的姿态谈论自己的计划，激发乐观的精神。反过来，乐观精神可以激发出巨大的能量，大力推动计划的实施。

积极肯定确实可以奏效，但是用在自己身上有时有点行不通。如果我每天告诉自己二十次，说我很有钱，但是如果每说一次，内心就有一个反驳的声音嘀咕道："很好啊。不过，给我看看你的钱在哪儿？"如果这样，我就很难使心态保持乐观。

相反，一个战斗口号无须强迫自己信任某个东西。你只是告诉内心批评家让它闭嘴，这样你就能更轻松地继续推进自己的计划。这就好比一位滑雪选手在下坡滑行阶段，对一位站在旁边不断尖叫影响自己信心的观众大喊"闭嘴"一样。这位观众可能是善意的，他或许会说："小心！你以前摔过跤。噢，注意那些小障碍。"如果这位选手转向那位为自己担心的观众，然后说："你说得对，我应该极其小心。事实上，我想更安全些，我要脱掉滑板，坐缆车下山。谢谢。"你认为这种结果如何？

对于自己支持的选手，每一个人都担心他们会摔倒。但是，比摔倒更糟糕的是因为恐惧和怀疑退出比赛。如果这位选手摔倒，然后继续比赛，我们仍然会敬佩他的运动精神；如果他因此放弃，估计没有人会敬佩他。任何一个希望实现自己目标的人都像滑雪选手一样，必须让恐惧和批评闭嘴，这样才有成功的机会。和滑雪选手一样，有时你必须告诉嗡嗡乱叫、动摇军心的内心批评家，请它闭嘴，哪儿凉快哪儿待着去。

提示卡

- 恐惧感就像你内心的交通协管员。它非常急切地想要保护你，所以，只要可能，它会让你永远待在人行道上，永远不能前进一步。
- 自我怀疑是恐惧的最亲密朋友。内心的批评家总是提醒你过去失败的经历，以免你忘乎所以，干冒险的傻事。那些具有执行力精神的人并不是没有恐惧和怀疑，他们只是学会了不让它们大喊大叫。
- 如果由于恐惧或者怀疑，你想放弃自己的理想，不要试图与自己理论或者争吵，你只需让自己疯狂起来。
- 必要时，你应该像一位空手道高手那样对内心动摇军心的恐惧或怀疑痛打一番。当你对内心的恐惧怒目而视时，它就会像一条疯狂咆哮的恶犬受到痛击一样，夹着尾巴灰溜溜地跑掉。

练习

针对内心批评家的两条反击策略

内心的批评家总是喜欢发出刺耳的质疑声，总是喜欢提醒你注意自己的缺点和不足，你完全可以把它想象成校园里恃强凌弱的恶棍。它蹲在你脑海的黑暗角落，阴沉着脸，对你不断地奚落与挖苦。下面两个练习可以有效地帮助你不受这个讨厌鬼的影响，不会因为它的恐吓，你就一直蜷缩在安全的角落里，而是勇敢地面对质疑，继续奋力奔向自己的目标。

策略1：反击

和内心的恶棍进行辩论会是一场恶战，很容易演变为无意义的斗嘴。“我不是白痴。”“你是。”“不是。”“是。”失望与疲惫之余，你很可能打开娱乐频道，把音量开到最大，希望以此淹没恶棍没完没了的叫嚷。此时，对方便会拿出最后的撒手锏：“我早就告诉过你，你辩论不过我。”

内心的批评家永远不会让你对辩论最后下结论。它就像我们熟悉的青蛙和蝎子的寓言故事，蝎子不断央求青蛙把它驮过河去，发誓绝对不会蜇它。但是，在过河的过程中，蝎子还是狠狠地蜇了青蛙一下，于是它们两个一起淹死了。弥留之际，青蛙哀号道：“你为什么蜇我？”蝎子在水中挣扎着说：“因为那是我的本性。”同样，内心批评家的本性就是不断地批评你。但是，你可以通过口头的大声呐喊让它闭嘴，甚至让它有点惊慌失措。这样，你就可以砰的一声将怀疑之门关闭，或者需要的时候，在气势上盖过它。

实施反击绝对最好的策略是，当你听到内心的批评家宣布你没有能力实现自己的计划时，马上准备好自己的口号。或许，你已经有了一个自己最喜欢的反击方式：“闭嘴，别跟我捣乱。”但是，如果你不是紧握双拳，双眼喷出怒火，牙齿咬得嘎吱响，准备给对方致命一击，请按下面两个步骤进行练习：

1. 回想一下内心的批评家是如何不断奚落你的。典型的自我批评是如何产生怀疑和恐惧的？

2. 不要向内心批评家屈服，你应该比它更疯狂。你可以想象一部电影、一本书，或者一首歌中某个意志坚定的人，他浑身是胆，毫无畏惧。这样，你就可以为自己定下完美的反击底线：“我今天要快乐。”你想象的这位主人公应该十分强悍，严肃，愤怒，不会向任何困难低头。此时，你必须充分展示自己的力量。在你与内心的怀疑摊牌时，你希望谁赢得胜利？将自己要说的话写下来，彻底击败希望阻碍你前进的怀疑和恐惧。

策略 2：揭下恶棍的面具

对付内心批评家的另外一个方法就是揭下它的面具，认清它的真实面目。和所有恶棍一样，内心的批评家就像《绿野仙踪》中的奥兹女巫一样，外面戴着骇人的面具，实则非常懦弱无能。你应该拿起手电筒，仔仔细细地看看它，看看这个总是缠着你不放的讨厌鬼到底长得什么样。你可以赋予它一些具体的形象，这样你就会明白，它唯一的乐趣就是消灭你所有的乐趣。

1. 找一支笔，然后在下页给出的脸部轮廓上画出内心批评家的面容。尽你的最大可能，画这样一个人：他总认为自己是对的，你永远是错的；他总是不断地批评你，只看到你的缺点和短处。

- 他的眼睛长得什么样？
- 他的面部表情什么样？
- 他的头发长得什么样？

在气泡中写下内心批评家所说的话。在文字框中，写下你的战斗口号，用声音压倒这个恶棍。

2. 观看你画出的图片，回答下面这三个问题：

- 这个批评家是否真的相信我能成功呢?
  是 / 不是
- 这个批评家是否希望鼓励我进行尝试?
  是 / 不是
- 这个批评家是否支持我追求目标的决定?
  是 / 不是

3. 每当听到内心发出怀疑的声音时，请你想象批评家的这副面容，然后告诉自己："我不会听它的声音，即使我想做一些尝试，它也不同意。"

反击________________________________

如果你认为自己不能腾出时间，请牢记，每一个时间段的具体运用都是你选择的结果。重新详细审查评估一天中的各种活动安排，确定必须对哪些活动说“是”，对哪些活动说“不”。

Chapter 10 第十章 做善于分解目标的高效能人士

The Follow-Through Factor

想法是有最佳有效期的。你可能认为，可以先将某个想法放进抽屉里安全地储存起来以备将来使用。但是，如果机会真的出现，当你拉开抽屉时，里面已经空空如也。你认为那个想法会一直等着被你启用，实际上很早以前它就已经像水蒸气一样消失得无影无踪了。

想法就像一堆内燃的灰烬一样，对着它吹一口气，它就会变得红彤彤的，准备更大规模的燃烧；如果对它置之不理，火星就会一点点地熄灭。你可能不同意这种说法："等等，世界上很多人终生都在规划自己的梦想。有人希望环球旅行，有人希望写作一部戏剧。最后，当他们终于实施时，已经九十多岁了，不是吗？"首先，这些人总是对着自己的那团火吹气，所以他们的希望之火永远不会熄灭。他们一直不断地进行研究、规划，并不断完善自己的技能。其次，如果他们的工作速度更快一些，他们的环球旅行可能不止一次，或者写出的戏剧可能多达十几部。所以，虽然他们具有一定的启迪意义，但是不一定是值得你效仿的最佳榜样。

行星和恒星排成一条线的天文现象十分罕见，同样，你总能找到大段业余时间的概率也是微乎其微。你总是能为自己找到理由，说下一年或者下个十年更适合实现自己的想法。

实际把握是一件很难捉摸的事情。从十岁到二十一岁这段时间很漫长，然而可以决定人的一生。对于一个二十一岁的人来说，他十岁的生日根本不像发生在昨天那么真切。对于一个十岁的小孩来说，从今年的冬天到明年的冬天并不是仅仅几个月那么简单。对于成年人来说一晃而过的一段时间，在孩子们看来可能相当于十二个月那样漫长。但是，随着我们的年龄越来越大，就会感觉时间过得越来越快，这是活生生的现实。随着年龄的增加，人们对时间的感受也会发生变化。因为从数学角度来讲，每一年都是人生蛋糕的一部分，拿走一片，剩下的就少一部分。对一个十岁的孩子来说，他已经生活了3650天，一年是他一生的十分之一。对于一个五十岁的人来说，他已经生活了18250天，一年只是他一生的百分之二而已。

一天天，一月月，时间飞速流逝，我们就像站在高速移动的人行道上前进一样。如果你不马上执行实施自己的想法，当你的生活仅仅往前移动了百分之二以后，那个想法已经离你很远很远。

时钟一刻不停地滴答前行。互联网上有人设计出了一个死亡时钟，它利用几个因素计算出你的死亡时间，告诉你什么时候就不得不从“地球旅馆”结账走人。也就是说，这个时钟正在一刻不停地计算着你还剩多少秒就必须办离店手续了。如果在你面前摆上一块生命终结的巨大倒计时牌，看着时间一分一秒地流逝，你一定会跳起来，抓紧时间去做自己应该做的事情，哪怕是千百件也在所不惜。

不能浪费生命并不是催促我们今天就行动起来，朝心中的目标努力的唯一原因。另一个原因是，如果我们不尽快实施这些想法，它们很快就会变质，失去有效价值。当想法之火的热量慢慢散失，它的能量也会越来越弱，最后变得没有一丝生机。当年，我的男朋友和姐姐的男朋友相继与我们中断了关系，我们两个都很痛苦。为了安抚受伤的心灵，我们开始一起写一本书，讨论如何才能避免与男朋友分手。开始时，我们豪情万丈，洋洋洒洒地叙述如何修复那些有眼无珠的笨蛋们给我们留下的创伤。后来，其他活动打断了我们的写作计划。几个大馅饼从天而降，我们赶紧抓了两个，写作工作就这样搁置起来了。直到多年以后，我们才有了一点空闲时间。不过，此时我们对那些躺在抽屉里睡大觉的想法已经没有了兴趣，我们要做更加新鲜的东西。

在我和姐姐写作那本书的过程中，似乎每一章都充满了令人兴奋的火花，激励着我们不断写下去。似乎每一件事都给了我们灵感。杂货店的明信片可能让我们产生新的想法，便当场改写某些浪漫情节。我们可能把“我爱你胜过爱任何东西”改写为“我爱你胜过……哦，胜过该死的头痛”。我们会把收音机中听到的歌词“我不能忘记你”改写成“我不能忘记你还欠我220块钱”。可以说，当时是文思如泉涌，妙笔生花。我们写作的热情也越来越浓厚。

但是，当我们完全停止那本书的写作后，再也没有进行过类似的创作思考。我们注意的焦点也发生了变化。我们觉得太忙了，再也腾不出时间。过了很久，当我们再想继续写作时，发现自己已经失去了写作的动力。如果我们一直呵护自己的写作之火，每天腾出一小时或者一周腾出一天时间处理相关问题，或许现在我们已经推出了一本优秀著作，帮助失恋的人们尽快修复破碎的心灵。

中止计划后之所以很难继续实施，是因为已经时过境迁，你的心情发生了改变。但是，你用塑料布包裹得严严实实并安安稳稳摆放在书架顶上的想法却没有和你一起变化。姐姐和我都度过了那段伤心的经历，我们已经有了新的生活，从心底根本不想回到过去。事实上，一段时间以后，我们已经重新改写了自己的历史。所以，多年以后，我们会相信自己已经抛弃了那些荒谬可笑的念头。如果当时我们继续坚持那本书的写作，很有可能完整地记录那种又苦又甜的疗伤经历。然而，现实并非如此。多年后，当我们拂去手稿上面厚厚的尘土，心中再也找不到与之相通的任何情感了。

用经历一点点完善你的想法

没有了持续关注，你的想法就会失去生命力，犹如停止给鲜花浇水，它就会慢慢枯萎是一个道理。但是，目前你的确太忙，根本没有时间考虑这项计划，是不是？哈，是啊，一天只有二十四小时，所有时间都已经安排得满满的，你有什么办法？你需要处理的工作实在太多了，一天到晚忙得团团转，恨不得吃一个鸡蛋沙拉三明治的时间都没有，哪里还有闲心完善构思原来的想法。或许，你的现实情况的确如此，但是现实是可以改变的。

有一点我们都同意，如果某件事足够重要，我们总会为它挤出时间。如果我们的工作要求我们必须在业余时间参加某个培训课程，通过一系列考试，我们总会想方设法做到。如果你认为自己的孩子是第二个马友友，那你肯定可以挤出时间开车送他去参加大提琴培训课程以及无数个音乐比赛。

其实，一天之中，我们每分每秒都在选择，以便更好地利用我们的时间。下面这个问题将决定你计划的生死存亡：你是否愿意作出某种选择，为你的计划腾出一些时间？请你只回答“是”或者“不是”。“现在不行”等于“不是”。“我会，但是要到明年”也等于“不是”。

具有执行力精神的人知道，如果现在不作选择，那你就再也没有选择的机会了。因为，这就是选择的本质。要么实施你的计划，要么彻底放弃。通常，你很难重新实施中止的计划，因为任何时候你总会面对更重要的工作。和其他任何事物一样，想法也会慢慢衰老。一个衰老的想法就像一时的强烈情感，一段时间以后，就会消失得无影无踪。几年之后，当你再次想到这个想法时，你很可能已经记不得为什么当初对它那样狂热，那样神魂颠倒了。你可能不再相信原来让你热血沸腾的小小火花，也不记得当时自己的未来期望。但是，如果你一直陪伴着自己的想法，它的具体细节和观点也会一直陪伴你的左右。

人们之所以不愿意一直坚守某个想法，是因为他们担心这个想法会耗费太多时间才能变为现实。在布鲁塞尔的一个繁忙的小咖啡馆里，当我正在吃当地著名的法式薯条时，偷听到了一位女士和自己年老妈妈之间的一场争论。这个女士希望将来做一个药剂师，所以需要决定是否应该回学校继续学习。

“这是一个不错的职业，”妈妈说，“你会喜欢的。做护士总让你不开心。”

“但是，妈妈，”女儿说，“这个想法有点疯狂。你有没有想过，为此我必须学习四年？我毕业时，都四十二岁了。”

“但是，玛宣妮，”妈妈说，“四年之后，不论你是不是药剂师，你都会四十二岁。为什么不选择既是四十二岁又是药剂师，而不是仅仅四十二岁，但仍然生活在不快乐之中呢？”

“她说得对。”我不禁脱口而出。那位妈妈转过头来，冲我笑了笑。很快，我们便成了朋友，她的女儿也最终决定回学校继续学习。

不论我们决定如何利用时间，它都会按照自己固有的速度前进。所以，我们确实应该利用时间完成自己的心愿。

个人备忘录

宿命主义者会说，如果你不重新实施自己搁置的计划，那也是上天的安排。这只是安慰人的一种手段而已，好让那些没有执行力的人心里感到好受一些。我们没有理由说，我们之所以没有执行实施某个出色想法，是因为它根本没有价值。你的想法之所以没有实现，是因为你的注意力受到了干扰，转移到了其他地方，最后你发现自己的心态也变了。当然，你可以说是你自己决定不实施某个计划的，但这并不是说，这个计划一定没有意义，不会让你的生活更加快乐。

分析哪些事情该做，哪些事情不该做

关于时间管理的书籍或者培训课程可以说汗牛充栋，成百上千。这些资料我几乎都读过，并参加过十几次这方面的研讨班。但是，我一直没有找到一个放之四海而皆准的答案。我的一些客户使用的方法是将时间划分成十到十五分钟的小片段，然后安排使用。艾利斯是我指导的一个客户，她利用中午吃饭休息的时间在自己的隔断工作区写作自己的小说，每周五个工作日她都坚持这样做。她可以毫无障碍地从工作状态转移到小说写作状态，然后又从小说写作状态转移到工作状态。我非常羡慕她的这一能力，就像打乒乓球一样，状态转换自如。我还有一位客户，希望参加马拉松比赛。她接受了我的建议，每天早晨四点十五起床，锻炼到七点钟。然后，叫醒孩子，准备上班。按照这一计划，她一直坚持了两年，然后成功参加了波士顿马拉松比赛。换了我，估计一星期也坚持不了。

我向客户推荐的每一个时间管理方法都亲自尝试过。将自己的工作分一部分给别人做，晚睡早起，制订日、周、月工作计划，确定工作时限等等，所有这些都是很好的时间管理策略。它们可能适合你，但是不适合我。我唯一发现有效的方法就是向自己提两个问题：我对哪些安排应该说“是”？我对哪些安排应该说“不”？

通过回答这两个问题，你就不必像转笼中的小白鼠一样一刻不停地旋转，可以更容易地确定如何更有意义地安排自己有限的时间。如何安排让你更加快乐，让每一天更有意义？一位同事可能正为家里最近装修出现财政危机感到苦恼，他希望和你一起吃午饭向你倾诉，如果你对这种选择说“是”，就意味着你对实施计划说“不”，并可能耽误一小时时间；对完成一篇文章说“是”，就意味着对每隔五分钟检查一次邮件并回复说“不”。

如果你认为自己追求的计划是有价值的，那就按微观计划执行（见本章末尾），确定自己应该具体实施哪些工作。将自己内心的理想主义抛在一边，现实地安排日计划和周计划。如果你确实没法早起，当闹钟在早晨五点响起时，你就会不断地按下懒睡按钮，让闹钟过一会儿再叫你。这样，到七点时，你会从床上爬起来，头痛欲裂，因为在过去的两小时中，每隔十分钟闹钟就会响一次。此外，因为不能按时起床执行自己的计划，你的内心也会十分内疚。对睡眠说“是”，就是对闹钟打扰自己说“不”。此时，你可以每天上午十点抽出半小时执行计划，或者一周之中抽出三天在午饭时间执行计划，或者在周末设定一段雷打不动的时间。

对于那些时间排得很满的人来说，关键的是在确定的日期内分配执行计划的具体时间，而不是等着奇迹出现。事实上，时间表上出现空闲时间是不可能的。只要你发现有一段空闲时间，马上就会出现一个需要安排的任务。需求就像打地鼠游戏一样，你打下一个，又会有十个钻出来。但是，如果你安排的计划执行时间像看牙医一样不容更改，就一定能取得明显进步。

不要购买候补机票

很多时候，我们常常将自己的计划和追求放在次要位置，而且同时还照顾着他人的需求。这种做法就像我们买到的是候补机票，同时还要确保所有人先于我们登机，并让他们愿意坐哪儿就坐哪儿一样。

很多时候，我们对别人的要求考虑得十分周到，但是对于自己的需求则置之不管。大多数人认为，我们之所以将他人的利益放在我们的利益之前，唯一的原因是我们非常无私。当我们牺牲自己满足家人、朋友、工作的要求和需求时，谁能说我们不是无私的呢？但是，如果我们多喝几杯龙舌兰酒之后再谈论这个问题时，我们给出的解释可能又是另外的版本。因为替他人安排生活计划比为自己安排来得更容易，危险性更小。

当然，帮助别人实现他们的目标是值得赞扬的行为。但是，如果这种行为只是意味着我们站在看台上看着别人奋斗，那只能祝愿大家都满足自己的愿望吧。至少，当我们支持的人登台领奖时，我们会想到他们要感激我们的帮助。但是，对于这个情况还有一个小小的问题。在此过程中，另外一种同样重要的人白白浪费了珍贵的时间，这些人就是我们自己。而且，这样坚持多年以后，我们常常从最初的慷慨大方转变为一种微微略带忌恨的情绪。

和大多数人的认识相反，照顾他人的利益不一定非要牺牲自己的利益。事实上，让自己的个人追求享有一点优先权最终会给你周围的人带来更大的利益。当他们调整自己的工作安排以适应你的计划实施要求时，他们总能发现自己变得越来越有办法，解决问题满足自己需求的能力也会不断提高。当我们意外踩到硬东西但是周围没有人时，我们就不会过多抱怨，因为没有人倾听；同样，如果你不是随叫随到，人们就会减少呼叫你的次数，从而变得越来越独立，结果照样还是做得不错。

个人备忘录

不要对别人说，因为他们占用你的时间，所以你的追求没有实现。没人有义务承担你失败的责任。不要指望他人向你道歉或者表示同情，你应该好好总结一下经验教训，然后更好地规划自己的人生。那些受你责备的人可能告诉你，他们的一些朋友同样工作很繁忙，但是人家还是想方设法获得了成功。他们可能这样反驳你："没人让你当烈士。"而且，你在内心不得不承认，他们说的是对的，这犹如在自己的伤口上又撒了一大把盐。

那些具有执行力精神的人认为，对于某些日常琐事或者要求，你应该说"不"，这样你才能对安排计划时间说"是"。每天都要出现的要求或者需求，就像大海的波浪一样，永远不会消失，所以有时你应该从水中走出来，给自己的个人计划提供一些时间。

每天很少的几十分钟或者一两个小时累积起来就可以改变你的生活。你的人生和你的时间是一体的，是统一的。所以，你应该小心呵护、认真规划和利用自己的时间。如果你想实施自己的一个想法，从现在开始就应该给它腾出时间，因为高品质人生就是由一点一滴有意义的片刻组成的。

提示卡

- 现实中，永远没有执行计划的理想时间，你不能暂时中止执行你的计划，因为如果长时间不予理睬，任何想法都会过时失效。
- 如果目前不能实施计划的某个重要方面，应该为自己定下一个明确的实施时限。同时，要不断完善计划的各个方面。
- 当我们与牙医约好了看病时间后，我们就不得不严格履行；同样，对于自己的计划实施，我们也要制订类似的时间安排。
- 如果你认为自己不能腾出时间，请牢记，每一个时间段的具体运用都是你选择的结果。重新详细审查、评估一天中的各种活动安排，确定必须对哪些活动说“是”，对哪些活动说“不”。

练习

微观步骤计划：少即是多

什么是微观步骤?

微观步骤计划（MSP）模板对你实现目标具有极大的帮助作用。MSP 并非告诉你在一个确定时间段内应该做什么，而是通过对众多现实时间需求进行客观分析，确定应该追求哪些目标。

你的期望值越低，成就显得越大。如果你确定的目标很小，而且描述明确，实现的可能性就越大，然后顺利地进入下一阶段。如果你确定的目标越大，而且描述越模糊，那么执行起来就越不容易具备足够的时间、精力和热情。

此外，如果计划没有细分成微观活动，就好像你希望自己动手为孩子们建造一座树上小屋，但当你打开组装包以后，发现没有操作手册一样。虽然你的脑海之中有一个总体计划，但是不清楚具体部件应该放在哪里，也不知道如何放。结果，你原本认为非常容易的事情，现在变成了很大的难题。

考虑要细致，非常细致

人们制订计划时最常犯的错误就是思考范围太大。他们只是把自己的行动计划划分成少数几个主要任务，根本没有考虑其中的微观步骤，所以实际执行起来，他们也就不知道如何从一个具体环节进入下一个具体环节。于是，他们的工作计划很可能从设计网站文本一下子跳跃到联系四十个潜在客户，中间一点儿过渡工作都没有。这并不是真正的计划，而是一个过于简单的、导致自我失败的路线图，在它的指引下，你哪里都去不了。

一个优秀的计划应该将主要任务分解为很多小型组件。确定一个具体的阶段性目标，然后逆向思考，分析需要进行哪些活动才能实现这个短期目标。

例如，我的阶段性目标是联系四十个潜在客户。从微观活动角度来看，我会问自己：“我需要做哪些工作才能顺利联系到这些潜在客户呢？”

微观步骤 1：我必须实施必要的网络资源搜索和分析，编写四十个联系对象的名单，列明他们的电子邮件地址和电话号码。

微观步骤 2：我必须起草一个自我介绍，以便将来向这些客户发电子邮件时使用。对于那些我需要电话联系的客户，我也必须编写一个宣传草稿，以便对方不接电话时，我可以按草稿给他们语音留言。

微观步骤 3：我必须留出时间发送电子邮件或者打电话与潜在客户联系。

微观步骤 4：对于那些我第一次与之联系之后没有回复的客户，我需要起草第二份宣传材料。

考虑要务实，非常务实

一个确保成功的计划需要考虑整个过程的每一个微观步骤，多么小都无所谓，充分分析它们的时间要求和工作要求。如此，MSP 计划就与普通的计划工具明显区分开来，它促使你以务实的态度预测每一个具体工作需要多少时间，并确定自己完成活动的具体日期和时间。这样，你对计划活动的时间安排就像与按摩师约定的一系列治疗时间一样不可动摇。

如果你想在本周或者本月“某个时间”去看医生，尽管你可能很想实施这个行为，但是真正做的可能性微乎其微。因为你的工作十分繁忙，所以“某个时间”实际就是没有时间。当你约定了一个时间，就像签署了一项协议一样。你或者如实履行，或者进行必要的调整，为它重新安排时间。第三种做法是，你拿过自己的日程表，注意到自己的预约，但是选择了放弃不做。然而，这种情况与一周工作特别繁忙因而忘记了原来的计划安排有着本质区别。故意忽略自己安排的工作是一种有意识的决定，是故意不履行你与自己签署的协议。它迫使你思考，你现在的选择比原来的计划更加重要。然而，完全忘记自己原来的计划，根本没有注意到自己原来所作的选择，则是一种缺乏正确意识的表现。

一个计划与乐观主义没有任何关系。为了有效地安排时间，你必须极为务实客观。MSP 计划中的“是”与“不”的选择说明你有很多需要做的事情，所以你需要预先确定对哪些干扰正常工作的事件说“不”，对哪些说“是”。通过认真决策如何正确利用自己的时间，你就能有效地控制计划实施。

对于“编制网站内容”这个阶段性目标，你的 MSP 计划可以作如下安排：

阶段性目标：编制网站内容

微观步骤	所需时间	日期和时间	是/否	完成
如何才能抵达阶段性目标？为什么要实施这一步骤？	极其认真地估计完成活动需要付出的时间。	我在什么时间安排这个活动？一定要务实，不仅要确定哪一天，还要确定在这一天的什么时间从事这一工作。	在预定的工作时间，如果出现干扰，我会对哪些具体事件说“不”？对哪些事件说“是”？	分析总结你在哪些方面体现了执行力精神。
1. 浏览评估十个竞争对手的网站，了解它们包含的信息，以及独特的卖点，等等。	3.5 小时	1 月 8 日，星期一，中午 1 点。	在办公桌上吃饭。 如有必要，可给家里打电话，但不回电子邮件。	√
		2 月 10 日，星期三，上午 8 点至 9 点。	在办公桌上喝咖啡。	
		2 月 12 日，星期五，下午 2 点至 3 点半。	不回电子邮件。 如会计打电话来，可以接。	√

微观步骤	所需时间	日期和时间	是/否	完成
2. 确定各部分标题和关键信息。我希望人们从每页中获得哪些信息?	1.5小时	2月15日，星期一，上午8点至8点半。 2月17日，星期三，上午8点至9点。	早点赶到办公室。不回电子邮件。 在办公桌上喝咖啡。8点半用5分钟检查邮件。	√ √
3. 编写“关于我们”的内容（大约200字）	1.5小时	2月18日，星期四，上午8点至9点半。	9点阅读电子邮件，不打电话。	× 重新安排到2月19日，星期五，中午1点半。

一次制订一项MSP计划

任何一项计划都会遭到的一个威胁是：面对计划，我们就像站在珠穆朗玛峰山脚一样畏惧，不知道怎么才能最终爬到山顶。整个计划似乎过于艰难，几乎是无法实现的。此时，我们可以向长跑运动员或者越野自行车赛选手学习，他们只是想着如何抵达下一个阶段性目标，而不是一心想着撞线的那一时刻。

如果我们进入大学学习的第一天，学校就把四年中我们将要学习的所有课本交给我们，列举我们将要撰写的所有论文和作业，应付所有考试需要记忆的资料，每个人都会被吓倒，马上打算退学。同样道理，如果有人将三年内要洗的衣物堆在你的脚下，然后指指洗衣机让你开始工作，你也会有相同的畏惧心理。

其实，实施任何一项计划并不比我们生活中处理其他工作困难多少。实施计划的方法与我们处理大部分日常工作所采取的策略是一样的：我们首先需要确定的是，当前一刻需要做哪些工作。然后，具体实施。每次，只针对一项阶段性目标确定一个微观步骤计划。当我们实现了这个阶段性目标，再制订下一个微观目标计划并具体实现。这是我们攀登任何一座高山所遵循的唯一正确方式。

精力不足的人很喜欢《龟兔赛跑》的后半部分，当那些超级能人站在半路手舞足蹈时，他们已经绝尘而去。当然，绝尘而去是他们的愿望，实际上他们的速度实在太慢，“奔跑”的脚步根本掀不起一丝尘土。

Chapter 11 第十一章 如何在疲乏中保持战斗力

The Follow-Through Factor

玛莎称自己是一只大树懒，然而，她仍然实现了自己的目标。任何希望实现自己目标的人，都可以在自己面前挂一幅玛莎的肖像画：她总是懒洋洋地斜靠在长沙发上，一副没精打采的样子。如果你想鼓励自己，可能没有比这个方法更有效的了。

玛莎稍微做一点事就会感到疲惫不堪，但是辞掉专职营销工作以后，她仍然成功地创办了自己的网络顾问公司。所以，如果任何人希望实现自己的抱负，都可以从玛莎身上获得鼓舞，满怀信心地开展工作。

第一次见到玛莎时，我与你的想法完全一样。她总是慢条斯理而又有条不紊地朝着自己的目标前进。她无须处理杂七杂八的家务事。作为母亲，如果员工一天不喊她两次，她是不会出门来办公室的；作为老板，她生命的唯一目标就是把自己的工作都交给下属来做。但是，玛莎却是精力不足人士的守护神，因为她必须承担类似的压力。

对于那些在追求目标过程中特别容易疲劳的人来说，玛莎可谓是一个奇迹。她赖以成功的力量之源其实每个人都可以利用，只不过很多人没有执行力罢了。玛莎曾经有过失望，但是失望反而给了她巨大的动力，让她采取行动改善现状，尽管她的行动有些迟缓，但是并不妨碍她的进步。

玛莎不喜欢公司生活，当她遥望未来时，看到的更多是失望。于是，她开始通过网络在晚上学习网页设计。在学习新技能、尝试推广业务的过程中，她很少处理家务，家里比以前显得更加凌乱。但是，她家里的每一个人，还有她养的鱼都活了下来。

五年后，玛莎家里的整洁情况还是没有明显改善，而且工作过程中玛莎仍然常常打盹。但是，现在她开始制订自己的工作计划，而且为可以自由控制时间而感到欣喜若狂。

对于那些精力不足的人来说，与玛莎待在一起会给他们更大的激励作用。现实中确实存在着一些精力极为旺盛的人，他们举办成功的家庭美食聚餐会，在舞厅可以独占鳌头，在筹集资金方面又是一把好手，而且所有这些都不会影响他们个人事业的迅速发展。与这些人相比，那些精力不济的人常常自惭形秽，恨不能赶紧躲回家里，猫在床上不敢出门，修炼二十年再到社会上混。然而，玛莎不是这样，虽然十分懒散、能力不佳，但是她仍然生活得有声有色，所以不免会受到普通人的敬佩与效仿。

玛莎的经历说明，为了坚持执行自己的目标计划，你不一定必须是一个精力十分旺盛的人。我曾经采访过几十个精力不足的人，但是他们都很出色地实现了自己的目标。那么，他们是不是注射了咖啡因，吃了安非他命，还是经常吸纯氧？没有，至少我采访的人没有一个承认。相反，他们大都牢记着龟兔赛跑的教训，并从中获得鼓舞。和乌龟一样，他们按照自己个人的节奏安排工作，从沙发到计算机，从计算机到床都是慢慢悠悠地移动，但是工作却是一直不断向前的。

在龟兔赛跑的寓言故事中，速度极快的兔子不一会儿就将乌龟远远地甩在了后边。于是，它骄傲起来，竟然停下睡起觉来。直到乌龟爬过终点，兔子还在半途呼呼大睡。精力不足的人很喜欢这个寓言的后半部分，当那些超级能人站在半路手舞足蹈时，他们已经绝尘而去。当然，绝尘而去是他们的愿望，实际上他们的速度实在太慢，“奔跑”的脚步根本掀不起一丝尘土。那么，他们又会想，让这些人狂欢去吧，当他们四周撒满糖果纸或者泡沫塑料咖啡杯时，自己已经抵达终点了。不过，可惜的是，在现实生活中，精力旺盛的人是不会老打瞌睡的。然而，反过来说，贯彻执行力精神也并非一场赛跑。

在一场网络讨论中，著名脱口秀女主持人奥普拉·温弗瑞回忆了自己刚刚主持节目时的经历。当时有人问她，与著名主持人相比，她是如何看待自己的进步情况的。她一直拒绝正面回答这个问题，而是说：“我们在不同的赛场上奔跑。”奥普拉认识到，如果总是和别人比较，会使自己失去前进的动力。

精神理疗学家米洛·柯什鲍姆（Mira Kirshenbaum）在自己的著作《情感能量因素》（*The Emotional Energy Factor*）中指出，身体能量对个人热情的影响最高只能达到30%，而情感因素却占70%。她认为，如果你感到热情耗尽，并不是因为你天生拥有一个过小的“油箱”，而是因为各种各样的原因，例如离婚、过于繁重的工作，甚至负罪感，使你的“油箱”漏油了。当然，人们都会想办法修补油箱的漏洞。但是，在此期间，如果你必须继续实施一个计划，你该怎么办？那些具有执行力精神的人会从小处着眼，从非常非常小的细节入手。

“骐骥一跃，不能十步；驽马十驾，功在不舍。”在过去的两千多年间，从古代哲学家到今天的励志演说家都提出了极为相似的说法。多少年来，这些伟人一直站在山顶上向我们喊：“如果你的力量不够，那么也要坚持每天往前迈进一小步。”

或许，你觉得你比那些圣人更聪明，并顽固地认为每天往前挪一小步，什么目标也实现不了。你认为自己太忙，每天都筋疲力尽，所以根本没有必要强迫自己再做其他的事情。但是，无可争辩的科学原理证明，你是完全错误的。

无可争辩的牛顿定律

牛顿运动定律可以简单地概括为：“任何一个作用力都会产生一个反作用力。”换言之，如果你做某件事，虽然这件事可能没有大价值，但是都会导致另外一个事情的发生。相反，如果你什么事都不做，牛顿惯性定律就会起作用，即如果没有任何形式的相互作用，所有事物都会保持原来的状态——保持静止，或者以原有速度继续向前运动，而且运动方向也不会改变。

当然，做得越多，效果越好。如果一天或者一周之中你完成了十件事，比你在同一时间只做了一件事更令人满意。但是，对于那些工作千头万绪、每天都累得筋疲力尽的人来说，在很短的一段时间内再多做十件事根本是不现实的。所以，对于他们来说，每次只做一点点工作就相当不错了。

迈克拥有一家德国食品进口公司，他的经历就是一个很好的例证。他是一个单亲爸爸，原来从事无线电设备推销工作。每天下班回家，他都已经极度疲惫。然而，他仍然利用剩余的所有力气为孩子们做好饭，辅导他们的功课，带着儿子去打曲棍球，回家还要洗衣服。他非常渴望在网上发展自己的德国食品进口业务，这样他就可以在家里处理有关业务。但是，每天操持完家务后，他已经极度疲倦，无力再干别的工作，坐在电视前面不一会儿便会酣然入睡。多少个晚上，他都在沙发上入睡，然后一觉睡到大天亮。

我们一起为他制订了一个计划。当他在电视前观看午夜体育节目时，可以打开自己的笔记本电脑，搜索他所需要的食品进口信息，包括干货、供应商、运输价格、规章制度、商品标签，等等。我们的约定是，如果他不愿意，可以不阅读网站内容。他只需浏览一下，分析这些网站是否与他的业务有关，或者只是把网站加入收藏夹。为了尽可能降低这个工作的难度，我们商定，当电视体育节目结束时，他就关闭电脑，即使还没有找到任何有用的信息也没有关系。

当迈克开始网络搜索以后，有趣的事情发生了。他开始获得了一点点热情，内心也增加了一些难得的动力。后来，在白天吃午饭时，他还会抽空查看自己收藏的网站。一天晚上，他不仅收藏了一个网站，甚至当主持人在评论橄榄球赛得分时，他一直阅读到了网站的联系方式部分，并给对方发了一封电子邮件。对方回复的电子邮件提醒他，如果他希望在自己的地下室储存干货商品，就应该给市政府打电话，了解有关规定情况。市政府告诉他在什么地方可以下载表格，于是他照做了。一周以后，当体育节目主持人在评论足球比赛时，他则把表格填好了。

四个月后，当体育节目结束后，迈克到 eBay 网登记了标签机购买信息，这是他开展业务所必需的。五个月后，他将每个午餐时间都用到了这个业务上，而原来他喜欢的电视体育节目已经成了影响他工作的噪声。二十个月后，他的德国食品进口电子商务开始运营。

微观行动引发连锁反应

即使最小的行动都包含着能量，物理学家们将之称为力量，它会引发另外一个行动或者另外一个反应。对于了解这一规律的人们来说，这算不上什么新闻。过去，我常常在清晨与一些志同道合者去健身房健身，他们和我一样不喜欢迎接朝阳，即使问他们一百万次，他们也会说自己还是更喜欢在家里睡大觉。每个人都是很勉强地走上跑步机，最后弄得筋疲力尽，汗流浃背，浑身瘫软，或者像一位同伴经常说的那样："要死了，真的要死了。"每天，我们都会说，我们再也不能坚持了，三分钟都坚持不了了。然而，我们最后发现，自己都跑了二十分钟以上。一旦我们进入锻炼状态，我们的能量就奇迹般地得到了增加。

那些没有旺盛精力，但是有执行力精神的人都表示，有两项认识就像两只大手一样一直放在他们的后背，推着他们不断前行：

1. 能量创造能量。即使一点小小的行动都能释放出一种潜能，而这种能量是他们以前从来没有意识到的。如此，自己的前进动力不断累积，发展速度越来越快，能量越来越大。

2. 一点点成功的想象就可以让你力量倍增。想象一下你实现目标的情景，那种感觉就像打了一针兴奋剂一样让人充满干劲。

很久以来，充分利用想象激励自己一直被人们认为是实现成功的秘诀。这个理论认为，当你在脑海中清晰地描述自己实现目标的情况时，你的潜意识就与你的规划意识一起工作，导致目标的真正实现。

当我刚刚学会开车时，我的教练告诉我，要用眼来驾驶，不要用手。他说："看着你想去的地方，你的手自然就会转动方向盘，车子就会开向那个地方。"意念想象也是这个原理。陈述你想要实现的目标，用你的意识之眼去看它，让自己相信那个目标已经实现，于是你的创造意识就会激励你，采取必要的行动去真正实现它。这种尝试变为现实的技巧被很多最佳状态指导专家使用，尤其在比赛之前用在运动员身上。同样，那些具有执行力精神的人也利用这种策略。

我有一个客户叫杰玛，她在电视台工作，压力很大，家里对她抱有很大期望。但是，她希望自己除了读书以外，什么都不干。然后，令她惊讶的是，她竟然把房子整理得井井有条，然后将所有墙壁重新粉刷了一遍。不过，她在脑海中一直希望将自己的家变成一个非常放松的环境，就像一个高雅精品酒店的套间一样。心中的这一形象一直激励着她，于是她便制订了详细的计划，着手改变自己室内的设计。改造前，她的起居室就像一个拥挤不堪的书店一样，卧室则像路边的旧货店。在实施改造的初期，她每个星期六早晨挑选五本书，然后捐献给图书馆，其他什么活动都没有做。

第五个星期六时，她动员全家帮助她把各种旧书放进箱子里，然后用车运走。第六个星期六时，她在自己汽车的后备厢里装满了一袋又一袋杂志、画框、台灯、开水瓶、茶壶、衣服、鞋子……开车转了两三周以后，她还是没有处理掉后备厢里的东西，于是她干脆把东西捐给了一个慈善组织。现在，杰玛告诉我，她的咖啡桌上除了一根蜡烛以外，什么都没有了。

个人备忘录

大约有一半的时间，我们都是通过心理暗示的方法让自己疲惫不堪的。请你做下面这个试验：走进堆满文件的办公室，坐在电脑前面，面对百分之九十五还没有阅读的电子邮件，然后告诉自己：“天哪，我太累了。我都站不起来了。”告诉自己很困，非常困。或者，每次当一个人问你感觉如何时，你都告诉他，你太累了，已经筋疲力尽了。这样，当你晚上回到家后，你就真的非常累，连刷牙的力气都没有了。通常，我们对消极思维的反抗力度不是很强烈，于是这些思想便会轻而易举地影响我们。同时，一个积极思想则必须经过很长时间的考验，才能为我们所接受。然而，如果你一直告诉自己“我感觉真的不错”，你就会感觉越来越好，甚至有几分神采飞扬。至少，比你每天告诉自己十遍“筋疲力尽”的效果要好得多。

事实上，我们希望自己有多精神饱满，我们就会真的充满力量。我们的思想很容易受我们听到的东西的影响。如果我们熬了一个通宵，然而同事却告诉我们，说我们看上去神采奕奕，那么我们就会越发充满干劲。相反，如果一个同事很惊讶地说："你的样子很憔悴，应该好好休息一段时间才行。"此时，我们原来高昂的情绪就会大受影响。在这种心理暗示的作用下，我们就会真的感到十分疲惫。为了保证自己的旺盛精力，要让那些总是说我们很累、脸色很苍白、无精打采、非常憔悴的人闭嘴。你可以试试这个方法："不要担心，状态不佳的不止我一个。这里的灯光效果不好，每一个人脸色都有点憔悴。"

如果你很容易被日常事务搞得筋疲力尽，通过设定尽可能容易实施的小计划，保证自己顺利执行每一个具体环节，是实现目标计划的唯一正确的做法。但是，无论你的微观计划如何有效，如何切实可行，如果你不具体实施，它们是不会自行实现的。

通常，当人们采取微观步骤前进时，他们会向自己许诺小小的回报，届时会休息一下，犒劳犒劳自己。你可以迫使自己努力工作三十分钟，然后花五分钟的时间到咖啡馆喝一杯双份巧克力咖啡，带上几份冰激凌，继续上路。

但是，对于大部分人来说，一段时间以后，胡萝卜形式的奖励政策便会失效。这是因为，你认为那一点点奖赏与自己付出的辛苦劳动不成比例。当然，大约在最初一周，你渴望积极工作，证明自己没有白白吃光杯中的冰激凌。然而，到了第十四天，你已经吃够了冰激凌，对于整个的奖励制度也不再感兴趣。

不要让缺乏精力和抱负影响前进的脚步

在某个合适的时候，你会向自己提出这样一个问题："我是不是真想实施自己的这个想法？"如果你给出了肯定的回答，那么下一个问题就会接踵而至："我是不是真的想采取步骤实施自己的这个想法？"如果你回答"是的，我想"，那么这个讨论便结束了。你已经作出了自己的决定。一旦你得出了结论，就不要一遍又一遍地被这些问题纠缠。那些具有执行力精神的人认为，一旦下定决心实施某个想法，就不要总是考问自己是否愿意为之采取行动。

一位很有竞争实力的帆船运动员，用自己的亲身经历证明体力不支时如何做到坚持不懈。除非患了感冒，否则埃文会天天清晨来到湖上训练，每周七天从不间断。他总是这样严格要求自己，无论前一天晚上多晚睡觉，无论自己是不是头疼，无论双手是否满是血泡，无论上午是否还有重要的商务活动，他一直雷打不动地坚持训练。他说："如果每天早晨我都询问自己，是不是愿意起床，是不是愿意去训练，大概每周我去湖上训练的次数不会超过两次。但是，在加入帆船俱乐部之前，我已经询问了自己是不是愿意每天很早起床训练。那才是我询问这个问题的时间，那才是我思考这个问题的时间，也只有那时我才会得出结论。之后，我便停止不断询问这个问题，不让它无数次地折磨我。"

几十年前，早在耐克公司推出"Just Do It"口号之前，一群专业芭蕾舞演员就一直用这个口号激励自己，每天风雨无阻地来到排练场训练，尽管他们的身体十分疼痛，脚上也全是血泡。一位演员说：“我们就是要训练。我们不会停下来询问自己，今天训练是不是合适。如果舞蹈演员们每天都询问自己这个问题，他们永远不会迎来首演之夜的辉煌与成就。”

一旦你决心贯彻执行自己的微观步骤计划，就不要总是询问自己是不是有足够的精力完成每一天的工作。你只需按计划采取行动，即使工作过程中呵欠连天也无所顾忌。这样，你的斗志才不会泯灭，才能履行自己的承诺，而不是让那些烦人的问题不断地纠缠自己，又因为不能履行承诺而备感惭愧。

提示卡

- 确保执行力无须精力多么旺盛，科学研究表明，即使最小规模的行动也会产生效果，确保你不断进步。
- 每次只走一小步，不断坚持下去，目标就一定会实现。因为贯彻执行力并不是赛跑，花多少时间实现目标并不重要。
- 为了确保自己不断前行，当你感到疲惫不堪、脚步沉重时，应该充分想象目标实现后的快乐和成就感，这样才能有效地激发你的斗志。
- 当你决定追求一个目标时，不要总是询问自己是否能够成功完成。当你决心贯彻执行这一想法时，你已经圆满地回答了这一问题。

练习

丢石头——保持旺盛精力的最新法门

实际上，保持旺盛精力没有多么困难，至少不像很多杂志文章所宣传的那样复杂。这个问题可以简单地概括为：吃好，睡好，不过度劳累，每天坚持锻炼。如果这样，还很困难吗?一点也不，你整天就像生活在温泉度假村一样精神抖擞。如果你没有执行这一原则，你可能会觉得十分疲惫，工作一天之后可能胡乱吃点西班牙海鲜饭了事，早晨也不可能从床上一跃而起，参加清晨的瑜伽训练班。问题的关键在于，你必须消耗能量才能获得能量，精力永远用不完的人是不存在的。

值得庆幸的是，有一种保存能量的练习方法，让你可以舒舒服服地坐在沙发上就能完成。我把这种练习方法称为“丢石头体能训练法”。这一方法的理论基础是，愉快的工作和人际交往可以让你充满热情与动力，然而那些枯燥乏味的任务和人事活动则会让你身心疲惫。如果我们能将所有烦心的工作和人事活动都从我们的日常生活中消除，那该多好啊。但是，这是不可能实现的。不过，你完全可以对不愉快的人和事进行转换，让它们变成中性的东西，避免给你带来不好的影响。

当你将不愉快的活动中性化以后，它们就不会消耗你的能量储备。这些工作或者人际交往对你失去了影响力，你不再感到愤怒、痛苦、压抑。如此，一项令人生畏的活动就像阴雨连绵时你到自助加油站给汽车加油一样。虽然你不喜欢这样做，但是毕竟不会让你感到身心俱疲。

丢石头体能训练法通过六个简单易行的步骤，确保你精神饱满，神采飞扬。

步骤1：让自己感到舒适。为此，你可以任意选择自己满意的地点、时间和方式。

步骤2：将普通工作日当中所有让你感到疲惫的工作和交际活动列举出来。

步骤3：将这些令你畏惧的活动想象成一块块沉重的石头，一直装在背包里让你背着到处跑。现在，你已经极度疲惫，几乎连去咖啡馆的力气都没有了。

步骤4：接下来，想象你把手伸进背包中，拿出一块石头，只是一块。好好看着它，回答下面这些问题：

- 这块石头代表什么烦人的具体工作或者人事活动？
- 这个工作或者人事活动的目的是什么？
- 这个工作或者活动的哪些内容让我如此厌烦？
- 如果我想不受它的影响，应该进行哪些改变？
- 如果一件事情可以让这个工作或者活动对我的不利影响减小，那会是什么？

步骤5：在你确定了消除这项活动的负面影响的方法以后，想象你把这块石头扔进了湖水之中，让它消失得无影无踪。当然，你以后还要从事这项活动，但是不会让你再像过去那样情绪低落或者身心疲惫，因为它不会给你带来负面的情绪。

步骤 6：不要强迫自己一次扔掉太多石头，每天扔掉一块或者每周扔掉一块就可以了。最后，你会发现自己的精神状态越来越好，有能力实施你喜欢的各种目标计划。

即使发生最坏的结果，一点回报也得不到，你也可以从自己的投资经历中获得有益的经验教训。最重要的是，你将成为幸存者。

Chapter 12 第十二章 学会对自我进行投资

The Follow-Through Factor

如果你有资金，你会实施自己的目标计划；如果你有资金，你不会认为执行并实现自己的目标是什么大问题；如果你有资金，你会自始至终彻底地实现自己的想法。对于你来说，这些话是不是很耳熟呢？

绝大多数人都没有白金信用卡，我们辛辛苦苦挣来的工资或者积攒起来的资金是命根子，是以备不时之需时的心理安慰。丢掉这些钱，我们将寝食难安。有些计划确实需要投资，所以这也是一个不容回避的问题。那么，对于那些没有充裕资金的人来说，对执行力问题作何感想呢？他们会想，要是我有资金就好了，我就可以将自己非常优秀的想法付诸实践了。

然而，在没有鼓鼓囊囊钱袋子支持的前提下，仍然有无数人成功地实现了自己的目标。很多人总是抱怨，每一个成功人士的背后都站着一位富翁爸爸或者妈妈为他撑腰，需要资金时，他会马上得到资助。然而，这并非事实。世界上很多白手起家的成功人士的经历证明，钱并不是关键，关键是他们都有执行力精神。

毫无疑问，如果你拥有充足的备用资金，创办自己的事业，回学校深造，或者购买一座乡村别墅将更加容易，不会让你感到心惊肉跳。如果没有资金支持，就像高空走钢丝下面没有安全网一样，你所冒的风险会更大。那么，你就会质疑，为什么要强迫自己冒这种风险呢？你会说，理智之人都会储备资金，以备不测。就像小心地将鸡蛋储藏进篮子一样，不会有一个就吃一个。不过，反过来，如果因此你就在自己追求的目标上打一个大大的叉号，放弃实施计划，将来也不一定就可以获得多大的回报。

具有执行力精神的人会告诉你，为了实现目标投入必要的资金与一时兴起随便乱花钱完全是两回事。必要的投资是为了确保幸福的未来。确定目标计划好比你与自己签署一项合同，投资是其中的一部分，此外还有一个“附属细则”，只有你百分之百地实施自己的目标计划，这笔投资才能给你带来回报；否则，你的行为与在大风中撒钱没有什么区别。

显然，如果你对自己的想法实施投资之后，无法兑现必需的分期付款业务，那就应该暂时搁置这个计划。此时，你应该重新绘制自己的发展蓝图，想办法积攒起实施计划所需要的足够资金。如果你已经积攒起了必要的资金，但仍然对投资犹豫不决，你就应该问自己这样一个问题：“对于我的未来来说，哪些东西是重要的？”

戴丽娅对自己的工作极度失望与沮丧，结果每天早晨上班坐地铁时，她就会像一枚热辐射制导导弹一样寻找看上去正被重病缠身的乘客，然后站在对方身边。她说：“我是那么渴望从对方身上捕获感冒或者流感病毒，因为得病可以让我找到不上班的借口。”

如果别人发烧或者咳嗽对你具有这么大的诱惑力，你就应该重新思考自己的生活价值了。对于戴丽娅来说，她喜欢利用旧衣服制作各种小配饰，并希望以此作为自己的专职工作。但是，为了宣传自己的作品，她必须进行一定的市场营销活动。她必须建立一个网站，同时希望利用假期在几个大城市的大型冬季工艺品展览中展出自己的作品。总之，如果要实施自己的这一计划，她就必须投入一部分资金。

如果你列举一个人一生可能做的二十件最勇敢的事，打乱储蓄计划提取资金创办新公司可能是其中之一。虽然这可能赶不上到西班牙参加奔牛节那么冒险，但是可能不会逊色于当众演独角戏。

戴丽娅认为自己不是一个爱冒险的人。例如，她不会去热带地区旅行，因为她担心可能患上疟疾或者某种寄生虫病。她绝对不会不顾一切到一个新美发沙龙尝试新发型，除非那位发型师特别能说会道，给她讲出很多诱人的道理。对于她来说，尝试一家新饭馆同样充满风险。因此，为了实现梦想，必须从自己辛辛苦苦挣来的积蓄中拿出一万五千美元进行投资，这种念头让她感到心惊肉跳也就不足为奇了。

“如果你不这样做，继续原来的生活方式，会怎么样？”我问道。

戴丽娅耸耸肩说：“我将继续从事一个我不能忍受的工作，在业余时间制作那些小饰品，送给朋友。我只能寄希望于他们向别人推荐，慢慢等我积攒起足够的客户源，然后再离开那个该死的工作。”

“但是，你同时又认为，如果进行一些市场宣传，在一些大型饰品展销会上展出自己的作品能够大大提高宣传效果，是不是？”我接着问。

“是的。我的社交网络不是很大，而且我认识的人大多数经济条件并不宽裕。所以，到目前为止，可以说几乎没有什么口碑宣传效果。我想，到展销会展览应该是一个不错的选择。这是我的直觉。”然后，戴丽娅顿了顿，似乎在想如何表达自我否定的理由，“但是，当然，这种想法也有可能是错的。”

“那么，这才是你最关心的事情。”我说，“你是否有理由相信，这种投资可以帮助你实现自己心中的目标？”

“是的，我认为我必须宣传自己的饰品，这样将来才有可能成为从事这一职业的专职设计师。”

我想，对于戴丽娅来说，这种转变越早越好，因为她必须远离现在她极度厌烦的工作。但是，接着我们必须回答第二个问题：“如果你花钱在冬季展销会上展出自己的作品，但是达不到预期效果，怎么办？”

戴丽娅脸上马上显出十分痛苦的表情——沮丧、心碎、痛苦、难以忍受。

“是啊，是有点沮丧，有些心碎，但是如果说痛苦和难以忍受，可能有点夸张了。”

“让我们换一个角度来思考这个问题，”我说，“如果事情不像你预想的那样，你会得到什么经验教训？”

戴丽娅想了一会儿，最后说：“我会明白什么销售方法行不通，以及为什么行不通。”

戴丽娅的回答让我十分兴奋。她并没有说，她会明白自己没有设计天才，或者说自己的想法是错误的。相反，她的回答与具有执行力精神并最终获得成功的人的回答完全一致。至少，她认为通过失败可以提供自己对销售的认识，这必将让她进一步改善自己的销售策略。

戴丽娅意识到，如果她将艺术品展销当成对市场的一次检验，她对这次冒险的看法将发生重大改变。如果在展销会上的销售效果不太理想，她就会和前来观赏的人交谈，了解他们的意见，包括价格是否合适等等。但是，无论如何，她会获得一些有益的经验教训，这对她将来开展业务是很有帮助的。

后来，当她向两个冬季展销会发去支票购买展位时，戴丽娅表现出惊人的勇气。她是一个有点神经脆弱的人，但是投资马上给她带来了意想不到的好处。当你小心掂量口袋中的钞票时，你实际就是告诉自己以及任何有关人士，你在非常认真地考虑自己的投资行为。大多数人对投资都很谨慎，不过它也会迫使我们坚定信心，奋力追求自己的目标。如果一个计划一文不值，那么我们就会很轻松地予以否定。如果你很珍惜自己的投资，在实施计划时犯错误的可能性就会大大降低。戴丽娅咬牙坚持了四年，度过了十分艰难的时期，后来赚了不少钱，终于可以安下心来好好享受一下生活了。

一项计划就像一个孩子：需要投入时间和资金精心培育

具有执行力精神的人将计划当成自己的一个孩子来看待。在丝毫不减少对其他孩子的培养内容的基础上，他们会在这个新孩子身上花钱，也会每天抽出时间照顾它。

我的一些客户从专职工作换成了兼职工作，以便腾出时间执行自己的计划。自然，他们也有经济压力。即使那些可以依靠原有积蓄或者依靠配偶工资收入生活一段的人也表示：每次从银行提款时，会紧张得手心冒汗。大部分人会主动缩减美容费和打高尔夫球活动。有人甚至在喝咖啡时会主动降低档次，不过这种极端的节俭行为比较罕见。

毋庸置疑，那些朝九晚五的上班族对自己的目标计划投资时常常十分谨慎。他们担心自己的资金，担心被激烈的竞争所淘汰，担心餐费，他们再也不能点自己爱吃的中国菜。这种担心就像孩子太小时母亲担心孩子的成长，不得不待在家里照顾他们一样。唯一的差别只是，如果他们可以抵制来自自身与外界的诱惑，在经济上可以作出牺牲，晚上就可以睡个好觉。不过，如果你仔细观察母亲们的生活，你就会发现，为了贯彻执行自己的想法，实际上和养育一个孩子没有太大的区别。

个人备忘录

花钱买东西比花钱实现一个想法更容易让人接受。当人们拿出大把大把的钞票买一辆跑车或者买一台超大屏幕、高分辨率的电视时，他们总是看上去十分兴奋的样子。但是，如果你告诉他们你正在花钱实现自己的一个想法时，他们总是以深表怀疑的神态说“祝你好运”。人们很难牺牲度假，用购买一辆新车或者购买一个新家的钱来投资实现自己的梦想。没有人会拿一个有形的商品、一次到地中海的度假，来换一项并非绝对可能实现的计划。但是，请你思考一下这个问题：“哪个选择能帮助我实现自己向往的未来呢？”

如果没有确切的把握确定投资之后可以马上得到回报，然而你仍然坚决地花钱进行广告宣传或者购买一个展会的展位，你内心的忧虑是可想而知的。不过，如果你不贯彻执行自己的计划，也会付出相应的代价。

当出于恐惧你不能实施必要的投资履行自己的计划时，你应该深深吸上一口气，提醒自己这个计划的价值和对你未来的重要性。当你具备充足的基本投资资金时，仍然不愿意投资执行自己的想法，那说明资金不是关键，关键是你内心的恐惧。如果投入了相当多的资金，但是什么结果也没有，怎么办？如果五年内还没有任何的回报，怎么办？

实施计划的基础是什么？

具有执行力精神的人会直截了当地告诉你，实施计划根本没有可以确保成功的依赖基础。你唯一能依赖的仅仅是一种理性期望。

所以，现在让我们认真分析一下可能发生的最坏结果。你为了一个想法进行了投资并努力贯彻执行，结果一分钱收益也没有得到。你利用全部时间执行自己的计划，结果却以失败而告终。现在，你该怎么办？你是不是要躲到废纸箱里去？是不是在有生之年再也不会进行投资？当然不。

如果你辞去了原来的工作，你还能不能再找一份？是的。平均律法则告诉我们，如果你以前能找到一份工作，今后你还能找到另外一份。你现在并没有忍饥挨饿，以前也没有，那么为什么担心将来就一定会呢？

具有执行力精神的人都认为自己是幸存者。他们知道自己有能力将想法变为生活现实。为了贯彻执行自己的计划，他们敢于投入必要的时间和资金，因为他们知道，无论出现什么挫折，他们都能跌倒了再重新爬起来。他们并非没有考虑到自己的现实经济能力。他们不会等到快要破产时才会改变思想，寻找新的收入来源，他们只是允许自己为未来投资罢了。

从投资执行一个想法开始，你就像坐进了过山车。但是，和所有贯彻执行力的其他行为一样，无论结果如何，任何一次过山车都会将你带到一个新地方，而不是起点。贯彻执行就像参加一个非常具有挑战性的活动，当你咬牙坚持下来以后，你就会发现自己到底能够走多远。而且，更为重要的是，你能获得多大的成就。

从某种意义上来说，你就像一位哲学系的学生。人们通常认为哲学是最难学习的一门学科。然而，大多数人向哲学系学生询问的问题并不是“生活的意义是什么”，而是“为什么花数千美元，辛辛苦苦学习好几年拿到一个没有用的学位？”我们可以从大学搜集的统计资料中找到这个问题的答案。统计数据表明，虽然只有少数哲学系的毕业生最后从事了哲学教育工作，但是由于他们高度的创造性思维能力，大多数人在自己的职业生涯中都能获得巨大的成功。虽然上哲学系学费很高，但是可以让这些学生终身受益。同样的，在执行力实践中所获得的经验教训，将让你在今后的生活中受益匪浅。

提示卡

- 对自己的想法进行投资并非不负责任或者一时心血来潮的表现，是在建设自己美好的未来，允许对自己的潜在发展空间进行投资。
- 虽然你不想让家庭经济破产，但是为了实现自己的目标，你必须在一些方面作出牺牲。
- 开发想法就像养育一个孩子一样，你需要投入时间和资金。
- 即使发生最坏的结果，一点回报也得不到，你也可以从自己的投资经历中获得有益的经验教训。最重要的是，你将成为幸存者。

练习

关于自我投资的一个练习

贯彻执行自己的一个想法常常需要付出一定的代价。然而，在生活现实中，确实存在着一些值得投资的东西，例如，一张舒适的席梦思床垫，一辆质量不错的汽车，一块美味可口的巧克力，一个让你充满前进动力的发展计划。

当决定投资自己的计划时，你最先想到的咨询对象是会计师和理财顾问。但是，在给他们打电话之前，请你认真填写下面的表格，或许对你很有帮助。

在思考投资时，特别要重视它能带来哪些附属利益。你投资的产品是否是多用途的？你是否需要学习一项新技能或者强化你的个人能力，既能帮助你执行自己的计划，又能改善你的工作绩效，甚至让你的履历表更加出色？例如，在一个大型冬季饰品展销会上展出自己作品的经历，让戴丽娅获得了很多有关销售的经验。通过在人群中和网络上自费宣传自己的时装配饰，她成为了一名优秀的客户管理经理。在辞去工作前，戴丽娅获得了两次晋升机会。

通过牺牲一个假期，或者暂时放弃一个并非必要的商品，也就是说，通过奉献精神，你就有可能支付自己计划所需的部分或者全部费用。需要注意的是，这样做并不是要求你永远放弃某种东西，而是暂时作出一点牺牲罢了。当你考虑作出某种牺牲时，应该想想这样做所能带来的利益，可以有效地促进你的计划实施。是否还有投资更少的方式，让你可以得到类似的结果？如果你需要牺牲的是一次度假，可不可以考虑离家近一些的城市？

当你不能确定是否应该选择自己的计划而放弃其他活动时，应该思考一下这个问题："哪个选择更有利于我渴望的未来的实现？"事实上，不投资也会让你付出代价，只是形式不同罢了。

决策矩阵

需要的服务、产品，训练（按需求顺序排列）	每个项目的成本	逻辑分析 每个项目的投资理由，相应的效果。	附属利益 每个项目投资后可能给你带来的职业或者个人利益。	交换与牺牲 在不危及家庭正常运转和孩子教育的前提下，你可以从哪些方面筹措资金？你可以暂时取消哪些非必要的消费项目？

如果你发现你对自己所做和所思考的每一件事情都犹豫再三，拿不定主意，你就应该采取具体的行动，消除这种患得患失的心理。具有执行力精神的人都知道，你必须自信，必须倾听直觉的呼声，而不是逻辑思维的要求。

Chapter 13 第十三章 善用直觉，破除思维定式

在生活中，有的时候，你会发现自己好像失去了思考能力。灵感似乎已经将你抛弃，在所有谈话过程中，你都失去了应有的感觉。你感觉内在力量的电闸已经断开，更糟糕的是，你根本不知道应该如何重新接通这些力量。总之，你似乎失去了实施计划的所有思路。

此时，你已经不能分辨工作的好与坏，错误与成功。当你参加完会议，不知道应该更自信，还是更失望，甚至绝望。你会一遍又一遍彻底地思考自己的一言一行。你不仅担心自己的讲座像胡言乱语，而且感到越来越神经质。于是，你不断地询问自己，但是任何答案都没有得到。

这种情况就好像——正当你感到真正的恐慌，希望比以往任何时候都更依赖直觉时，你的第六感已经跑去钓鱼了。为什么自己总是没有感觉呢？答案很明显，也很令人痛苦，因为你的内心在纠结，你的直觉被蒙蔽住了。如果是内心在纠结，直觉就会警告你，提高服务费率，客户才会拿你当专家看待，而不是像昨天才刚刚涉足本行业。如果你过于紧张，当你将部门计划交给高级副总裁时，就要提醒自己说话时不要像蚊子嗡嗡："我不知道这个计划是不是很好。"

这是一个恶性循环。你越紧张，越绝望，你的直觉敏感力就会越来越差。当你感到恐惧时，虽然你可以坐下来参加会议，嘀嘀咕咕地陈述你的服务内容，但是所有参加会议的人都能感受到你发出的负面信号。这些非语言性信号通过讲话的语气、高度、姿态、表情等传递出去，甚至比语言所传递的信息还要高 78%。你花了好长时间编写并记忆的宣传报告，被你鼻尖上滴落的汗珠和眼神中渴望他人认可的表情彻底毁掉。

非语言性交流心理学专家保罗·埃克曼（Paul Ekman）在《破坏性情绪》一书中指出："我们的思想具有隐私性，但是我们的情绪却不是。情绪具有公共性。我的意思是说，我们通过话语、面部表情、举止等向他人发送情感信号，告诉别人我们的真实情绪。"

你是否神经过敏？是，说明你的直觉在罢工

当你的肢体语言告诉人们，你内在的指南针出了问题，失去了判断的基础，你就会左右为难，处于十分尴尬的境地。其一，你向人们发出了内心紧张的信号；其二，你准确理解他人非语言信号的能力也会减弱。一个新来参加会议的人和你握手点头，然后端起咖啡杯时却会轻轻地皱皱眉。这是因为，当他的手碰到咖啡杯时被烫了一下。不过，因为他没有直接把这件事讲出来，你就会认为他脸上的不悦之色是因为他不喜欢看到你。因此，你决定也不喜欢他。当他在会议期间发言时，你总

是低头盯着自己的手表。这可不是建立良好关系应有的开端。

在理想世界里，你的大脑总是很镇定而又清晰。每天你会冥想两次，每次都想象将比尔·盖茨的智慧灌输到自己的脑海中。然而，在现实世界里，老板或者沉重的账单负担让你惊骇不已，根本没有心情坐下来深呼吸，好好调整自己的心态。当我刚刚创办自己的事业时，我总是将一块练习瑜伽用的垫子扔在地板上，点上几支蜡烛，播放带有海浪声音的 CD 音乐，然后祈求万能的上天给我启示，指导我下一步应该怎么办。然而，我并没有听到智慧启示，反而好像有一个女妖在我耳边厉声尖叫，让我赶紧起来，打扫地板上的尘土。最后，我开发出了七步训练法，终于让女妖闭嘴，可以顺畅地与自己的直觉进行交流。这种训练实施起来不太容易，但是一旦成功，绝对让你受益匪浅。

根据著名直觉研究专家丹尼尔·凯本（Daniel Cappon）的观点，直觉是“每一个成功尝试背后的超级思考行为”。凯本博士在自己的专著《直觉：控制你的思维能力》中指出，在我们脑海深处储存着极为丰富的知识信息，只不过意识、思想没有注意到罢了。

这些知识信息就像一个巨大的数据库，如果善加利用，你可以清晰地回忆起各种各样直到最近的生活经历。也就是说，你可以记得自己获得的所有经验教训，而且对自己打击越大的，印象越深刻。此外，这些通过感官输入并储存在脑海之中的大量事实和数据可以让你受益，它们都是通过眼睛、耳朵、感觉器官输入的信息，因为输入时速度太快，大脑根本没有来得及察觉与分析。更有甚者，凯本博士和其他一些专家还表示，这个奇异的数据库当中还储存着集体记忆信息，即无数代人积累并传承下来的智慧。换言之，也就是我们祖先所取得的经验教训，当然也是经过无数次沉重打击后总结出来的。

直觉大多数表现为预感

专家们认为，当大脑感知到即将发生的事物模式时，就会发生预感，或者说感觉。大脑常常以令人难以想象的速度运转，将目前一个具体情况的相关信号或者感受与过去发生的情况相对比。当大脑找到匹配的记忆后，我们就会对其产生高度意识，并认为发生的概率很高。这会给我们的思考带来灵感，制订更加合理的决策。冰球传奇人物韦恩·格雷茨基（Wayne Gretzky）曾经说，他会向冰球将要到达的地方滑行。他的表现可以说是利用直觉进行反应的经典案例。他可以预见即将发生的比赛形式。

工作高效、能言善辩的商人也都能预见事物发展的模式。他们参加会议时，可以捕捉到会议桌周围每个人发出的微妙信息，从而确定他们内心的真实想法。当你将关注的焦点放在他人的需要、感受、渴望时，你的直觉就会充分运转起来。解读一个房间中所有人内心真实想法的关键在于捕捉每个瞬间的重要信息，高度关注人们的面部表情和身体动作，注意倾听他们讲话的声调和用词，但是不要受事先成见的影响。只有通过公正客观的观察，你才能准确地查看和倾听他人发出的信息。

清晰的认识可以激发你的行动灵感。一个富有高度直觉能力的商人在销售陈述过程中，可能停止执行原来准备好的一套工作策略，以全新的腔调赢得客户。如果你感到某个商人在陈述过程中突然改变了策略，事后向他询问原因时，他通常会说 :“我感觉那样才是正确的选择。”深入分析之后，你会发现他具有非常敏锐的观察力。

每个人都有发展直觉的潜能，这种技能需要大量系统的培训和练习，但是，最重要的是，你必须有开发这一能力的强烈愿望。

下面是我设计的直觉开发七步训练法，它可以使你的认识越来越清晰，灵感层出不穷。但是，和所有其他训练计划一样，它同样需要你付出汗水和努力。值得称道的是，这个训练有一个突出的优点，那就是场合没有太大限制，即使吃饭时也能训练。

步骤 1 : 潜入

让自己沉浸于那些与你当前的兴趣目标还有点遥远的所有事情当中。直觉可以跟踪信息，广泛接触各种信息不仅有利于加深对自己工作的了解，而且还能让你接触各种各样的发展模式。

当我的公共关系服务公司负责玩具行业的宣传与推广时，我和我的合伙人便充分融入了孩子们的世界。刚刚签署完合同以后，我们就商定应该马上访问有关动画网站和流行的设计软件。我们搜集了与糖尿病有关的食物信息，包括含糖水平，它们的包装上都印着一些奇形怪状的文字和图案。

上午，我们在办公室的活动就像一个八岁孩子充满梦想的生活工程一样，吃幸运魔力营养派和可可泡芙饼，阅读儿童连环画。我们和孩子们一起游戏，和他们一起看他们喜欢的电影，听他们的音乐，和他们一起购物，阅读他们的图书，并到教室中做义工。我们可能刚刚和孩子们一起喝完荧光饮料，带着紫色胡子就赶到了客户会议室。不过，我们这样做并不是为了好玩，而是搜集了大量营销信息。当客户介绍自己的想法时，我们只需两秒钟便知道它们是不是符合孩子的兴趣。通过深度融入孩子的世界，我们对他们的思想、需求和感受有了非常清晰的认识。

你从总体环境中获取的信息越多，就越能更快地将不同的孤立点联系起来。我所有取得了很大成就的客户都承认自己特别爱看新闻。他们养成了每天看杂志、报纸和浏览新闻网站的习惯，尽管很多人承认自己很少通读一篇文章。他们只是了解大概情况，不过即便如此，他们也可以发现相关行业的发展趋势，了解有关问题和世界可能对自己行业的影响。

步骤 2：询问别人的想法、需求和感受

绝大多数人都不善于倾听。从小时候边听大人讲边用蜡笔在墙上乱写乱画时，我们就学会了嗯嗯啊啊，不住地点头，其实根本没有认真听。于是，这一习惯便不断延续发展下来。在听他人讲话时，思想总在开小差，外表好像在听，实际心里却在思考这个讲话的人如何如何，以及他怎么看待我们等等。也就是说，实际上我们只是在心里自言自语，其他的都是背景噪声。

为了提高自己的直觉感知能力，我们应该停止这种无意义的内心对话行为。应该向对方提问，远离自己封闭的思想环境。你可以询问

别人目前对一个计划有什么想法，他就会告诉你自己的期望和要求。当你倾听时，要注意观察对方对哪些问题感兴趣，对哪些问题漠不关心；观察对方同意什么，不同意什么；观察对方什么时候微笑，什么时候耸肩表示反对。

公正客观而又高度投入的观察是了解他人内心世界的秘密武器，通过它，你可以深度解剖经商者、恋爱者，甚至参加游戏者的内心真实想法。

步骤 3：利用休整时间处理“如果……怎么样”的问题

我们应该将总爱大发议论、总爱找人辩论的思维定式想象成一个傲慢的“百事通”，它总是不假思索地回答所有问题，特别刚愎自用，认为自己是永远正确的。思维定式就像一位骄傲的家长，对孩子的所有解释总是妄加评论，从来不会轻易地承认他们的想法有可能是正确的。你应该帮助自己的思维定式改掉刚愎自用的坏毛病，让它接受无数的外界信号和可能性。

有时，直觉会与逻辑思维相抵触，所以我们常常对它嗤之以鼻，不会听它稀奇古怪的想法。不过，富有逻辑性和行为正确不一定是同义词。如果一个北美的连锁咖啡馆称自己的小咖啡杯为“高杯”（tall），称中号杯为“大杯”（grande），称大杯为“特大杯”（venti），结果让顾客无所适从，似乎并非合乎逻辑的做法。但是，对于星巴克来说并非如此，它在自己的菜单中去除了“小杯”（small）这个让人联想到低档廉价的名称，以及有点过于夸张的“大杯”（large），以便与其他咖啡店区分开来，可谓用心良苦。

为了消除理智与直觉之间的障碍，可以问自己一些看似古怪，甚至疯疯癫癫的问题，例如“如果……怎么样”的问题。如果我们把小杯称做高杯怎么样？如果我们用小器皿提供服务怎么样？如果我们将一些不相干部门的人叫来开研讨会怎么样？如果我们答应客户一些过分的要求怎么样？如果我们写的建议书口气就像直接称呼孩子一般怎么样？如果我们把垃圾倒进隔壁的艺术工作室怎么样？

任何超越普通规范或者传统逻辑的问题都可以迫使我们进行创造性思维，而创造性思维是灵感和深刻洞察力的源泉。爱因斯坦就曾经通过这个方法受益匪浅，他曾经提出过这样一个不可能实现的问题：“如果我能骑着一束光旅行怎么样？”结果，他最终提出了相对论。

步骤4：打破常规思维

我们是习惯性的动物。我们每天都会走同样的路，去同样的地方喝咖啡，坐在同样的椅子上，望着同样一扇窗户。所以，我们听不到直觉的声音也就不足为奇了，因为它对我们的因循守旧已经厌倦，于是便昏昏睡去。习惯可能让我们感到舒适，但是一成不变的思维会扼杀我们的创造性思维。新刺激会引发新反应和新思考。这就是为什么你应该时不时地从习惯性思维状态跳出来，开开小差，做一些平时不会做的事情。去参观一下美术展，看一种不同风格的电影，到附近的一个新街区逛一逛，到城里另外一端的某个新餐馆吃一顿，等等。通过打破常规做事情或者观察你通常不会注意的事情，你的脑子就会非常活跃地进行新的联系，从而唤醒你的直觉思维。

个人备忘录

当你询问“如果……怎么样”的问题时，不要让你或者他人认为你的问题很愚蠢。很多新事物开始时都被认为是“荒谬可笑的”。“我们开一个专门让狗吃的蛋糕房，然后以35美元的价格向冥王星销售生日蛋糕怎么样？”如果你提出这个问题，很多人会认为你脑子有毛病，根本不会有人考虑。然而，虽然令人难以置信，现在很多大城市专门为狗生产蛋糕的作坊相当流行。另外，不要让别人轻易回答说“这绝对行不通”，一口否定你的建议。将内心的一个想法说出来非常容易，你根本不会遇到挑战，也不是为了好玩。更为重要的是，这种问题不会刺激你的创造性思维。在回答超乎想象的问题时，应该抱着一种一切皆有可能的态度。你可以花几分钟的时间，从现实中走出来，摆脱所有局限性和固有思想的束缚，大胆思考。

步骤5：给自己放放假

直觉需要时间和空间，这样它才能自由自在地遨游驰骋。也就是说，你需要关闭自己的正常思维，什么也不想，好好让它放松一下。其中一种方式就是坐下来，盯着一个地方看。当然，如果你愿意，你也可以在参加会议时或者乘坐地铁时这样做。但是，如果你这样大瞪双眼，像一只青蛙那样盯着人看，每个人都会背后冒凉风的。然而，如果在自己家里，静静地运用这种催眠式的盯视训练，使自己处于半梦半醒之间，将是一种很好的放松方法。很多讲述直觉训练的书籍建议人们淋浴时信马由缰地幻想，如果有条件，在泡泡浴中让思绪任意翱翔效果更好。这些方法确实有效，而且你还能享受香草的淡淡清香。然而，如果你不能进入沉思冥想状态或者忘我状态，你可以尝试在纸上随意乱画或者用不需要思考的活动控制自己的想象。你可以和孩子一起望着天上的白云出神，也可以想象同事的眼睛和嘴巴换位以后会是什么样子。想象自己与直觉手挽着手一起散步，如果你胳肢一个，另外一个就会咯咯地笑起来。

步骤 6：快速作一些决定

以一些确实没有重要价值的东西开始练习。你是否愿意去看一场电影？不要思考。无论你如何决定，也不会影响人类的历史进程，所以按照自己的第一个念头采取行动，看看结果如何。今天是星期天，你想做什么？请你在 7.5 秒钟内作出决定，这是凯本博士的建议。他认为，尽快作答，就不会给逻辑性思维足够的工作时间，所以它也就不可能告诉你“应该”做什么，这样你就有机会听到直觉的声音。这个练习的目标就是按直觉行事，这样你就能学会信任自己的直觉。这种信任是十分重要的，因为没有什么比再三思考对直觉更有杀伤力的了。而且，没有什么东西能让你的优柔寡断更令人失去对你的信任了。

当你正在一条车流量很大的双向公路上准备左转进入旁边的一条侧路时，你知道什么时候可以安全地拐弯，什么时候不行。你绝对不会停在马路中间，手中拿着一台计算器，计算迎面而来的车辆的速度以及车辆之间的距离。你只是根据自己数千次左转弯的经历，凭直觉作出判断，这是逻辑意识不可能详细解释的。

步骤 7：形象化，形象化，形象化

在脑海中上演一部电影，把你自己想象成其中的主角，做你想要做的事，其他人则如你希望他们在现实中表现的那样表演。形象化想象可以让你的思想绕开理智而又充满怀疑的意识，让你充分接触自己的情感和创造性。这个练习的关键在于，当你从想象回到现实之后，不要自我解嘲般地询问："可是，我如何才能把这些想象变成现实呢？"而应该问："通过哪些实际步骤我才能实现自己的梦想呢？"为了让直觉意识运转起来，这个答案无须多么切实可行。我的一位朋友想象有五个出版商竞相要出版他的第一本悬疑小说。

"哪些步骤才能促使你的这个梦想实现呢？"我问。

"我们想想看，"他咧嘴一笑说，"或许，只有当这五位出版商和我一起搁浅在一个孤零零的小岛上，除了对我俯首帖耳之外，别无选择。"

"那么，出版商来自何方，又去往何处呢？"我问。

"或许，来自一个图书展销会吧。"我的朋友说，"你知道，我有很多乘坐飞机攒下的积分。我想，我可以去洛杉矶书展看看，搜集一些代理商的名片。反正，这样做不会有什么损失吧？"

如果你开始时感觉很好，就比充满怀疑、焦虑、质疑的心态能够更好地与自己进行内心对话。压抑的心态如同一个握紧的充满汗水的拳头，什么东西也拿不起来。

直觉并不是一个绝对稳妥的保证书或者绝对灵验的算命先生，不过，它确实能使你的思维变得更加敏锐，更加清晰。它让你更有洞察力。最重要的是，当你和直觉对话时，你会对自己正在做的事情保持一种十分恬静的心态。

具有执行力精神的人表示，他们需要这种自信的感觉，就当时的具体情况来看，他们已经尽力做到了最好。他们相信自己的能力，其他人也会感到他们的自信，于是更加尊重他们。因此，与直觉的对话具有十分重要的积极意义，他们会认为自己可以尝试更多新的事情，更具有冒险精神。

提示卡

● 如果你发现你对自己所做和所思考的每一件事情都犹豫再三，拿不定主意，你就应该采取具体的行动，消除这种患得患失的心理。具有执行力精神的人都知道，你必须自信，必须倾听直觉的呼声，而不是逻辑思维的要求。

● 直觉思维的本质是为了发现事物的发展模式，这种思维可以使你获得行动的灵感。当你的意识将目前的形势与过去的经历或者储存的知识信息相吻合，你内心的意识就会得到强化，现有形势将按直觉预测模式发展的概率也就越高。也就是说，你就能更加清晰地分析问题。

● 为了能够与他人清晰地进行交流，你应该从自己的固有思维中走出来，询问对方的思想、需求和感受，关注他们的肢体语言和口头语言，走入他们的内心世界。

● 当你利用直觉指导自己的行动时，你就会充满信心，为了实现内心的想法甘愿冒必要的风险。

回顾自己以前的经历，回味他人对你的赞美和鼓励，你取得的所有成绩，以及你征服的所有恐惧，无论大小轻重，尽量让它们在脑海中生动起来。这样，你就可以塑造一个属于自己并且深信不疑的执行力导师。

Chapter 14 第十四章 塑造属于自己的执行力导师

从内心深处来讲，我们都希望有人指导自己前进。如果有一位智者，他交往甚广，无欲无求，一心想着指导我们走向成功，我们肯定感激涕零，对他顶礼膜拜。

你可以付钱获得专家提供的指导与信息，也可以通过网络自行拓展人脉。但是，这些都不能取代专业人士对你的认可与赞扬。当有人告诉你，你正在沿着正确的道路前行，你将获得极大的前进动力，这是任何金钱都不可能买到的。专家的可贵之处就在于他们能够看到事物的本质，看清你工作的核心价值。更重要的是，他们可以洞察你的内心世界。你是任何思想、任何目标、任何抱负的核心。

恋人可以来了又走，但是一个你所尊敬的人，一个能看清你的发展潜力并尽心指导你的人将永远活在你的心中。然而，在现实生活中，一个优秀的导师也有其固有的缺陷。这个世界从来不缺少好为人师的专家，他们大多是头发花白而又乐于助人的高级行政人员，整天坐在办公室里留心观察自己心仪的晚生后辈。那些处在高位的年轻人大多希望以同盟的方式与人合作，而不是像过去的前辈们那样特别乐于做别人的导师。那么，对于一个有想法，同时又渴望得到他人帮助和指导的人来说，应该怎么办呢？你可能一直在错误的地方寻找导师。

在一个充满竞争的世界里，如果你向一个你希望发展的领域里的某一个人寻求指导，对方很可能会说，现在做什么事情都非常困难。一位久经沙场的职业人士可能这样对你说："要是我今天这样去做，可能不会成功。"

现在，很少有人愿意牺牲自己的时间，向你提供富有价值的信息，并代表你进行业务联系了。那些指导他人的人非常清楚，对于那些渴望学习进步的人，这种帮助会多么令他们感激。然而，不幸的是，你又不可能给一个市场研究公司的总裁打电话，请对方抽时间帮助你精心策划，确保自己业务的高额回报。

当然，你可以通过付费的方式获得专家的建议和指导。现在，有很多商业顾问公司和专业协会，它们完全可以成为你的导师。他们可以提供十分有益的帮助，但是不太可能让你感到一位私人导师所具有的特殊关怀与呵护。

通常，当你贯彻执行一项新计划时，总是感觉自己是孤军奋战，甚至感到整个世界都在和你作对。你需要一遍又一遍地证明自己，战胜所有质疑和排斥。支持你的只是你本人，这让你备感孤独寂寞，就像一位飞行员在黑夜里一个人驾驶着飞机，同时又不知道最近的飞机场在哪里，也失去了无线电联系。和这位飞行员一样，绝望和放弃并不可取，不过你的信心非常低，这是很危险的。此时，你只好自己创造一个导师。

自己创造的导师

创造导师的第一步，就是将多年来人们鼓舞你的话写下来。要尽可能地回到过去，越久远越好，甚至你可以回忆小学五年级时老师表扬你做事周到、细心的那些话。

就我来说，我一直铭记着一位脾气暴躁、态度傲慢的教授曾经给我的一句评语。这位教授教硕士学位的创造性写作，并主持一个不记学分的夏季讲座，这都是五十年前的事了。当参加讲座的学员将自己熬夜完成的作品朗诵出来供大家品评时，这位教授总是看上去心不在焉的样子，他更关心的好像是如何抓住身边嗡嗡乱飞的苍蝇，然后把它们的翅膀扯断。但是，因为他一直是我们的任课老师，只能听凭他将我们写出的文章大卸八块，无情批判。然而，上最后一堂课时，他走到咖啡机跟前，咕咕哝哝地说："看在上天的分儿上，不要总是否定自己最初的想法。你成功的唯一要素是信念和执著。"这句话当时让我猛然醒悟，彻底改变了我的心态。在那之前，我一直认为，我之所以在写作方面小有成功完全是幸运使然，根本与技巧无关。

我采访的大多数成功人士都承认，要尽可能多地回想别人对自己的积极评价，鼓舞自己继续前进的信心，是一件很难办到的事情。部分原因在于，对我们提出表扬的人是我们所敬重的，是值得信赖的。一位同事可能出于善意大力夸奖你创作的文章，但是你很难因此感到兴奋不已，因为她曾经说过幸运饼上写的那些话才是最具文采的，所以你不知道她对你的表扬是不是真心的。

大多数情况下，对于别人善意的赞美，我们总是马上予以否认，但是对于批评却会念念不忘，即使这个批评多么微乎其微都是如此。但是，如果你认识到，和愤怒时人们所讲的话不同，表扬从来不是无心之语，这才是它真正有价值的地方。相反，人们之所以对你或者对你所做的事情提出表扬，是因为他们内心产生了某种积极的共鸣。戴尔·卡耐基在《如何赢得朋友和影响他人》一书中提出，我们获得的赞扬常常超过自己意识的程度。如果一个人迎面向你走来，说“嘿，我记得你”，也是对你的一种赞许。即使这样很不起眼的正面肯定，你也应该收进脑海，日久天长对你的自信心也会大有帮助。卡耐基说：“如果你记得我的名字，说明你实际是在以一种微妙的方式赞美我，说明我给你留下了印象。”

然而，如果这样你仍然不能想出足够多认为值得称道的来自他人的赞美，也不要气馁。你可以将任何明智之人具有的闪光点用来鼓励自己。

回想过去，你是否曾经赢得过一群难以对付之人的信任，这会对你产生有效的鼓舞作用。例如，一个看似不可能开发的潜在客户终于与你签订了合作合同；一个你很尊重但是非常刚愎自用的同事不得不勉强地同意了你的观点。或者，一个很少接电话的人竟然接了你的电话，并和你交谈了好一会儿。这些事情虽然很小，但是并非没有积极价值。在你自主创造执行力导师的过程中，这些都是非常重要的塑造原料。

如果你塑造的导师是一个不同来源材料形成的组合体，那它应该包括你的成功经历、富有洞察力的认识，以及其他人对你的积极评价等。如果你的作品能够说话，它会让你安安稳稳地坐下来，向你讲述它对你的看法。它会说，它一直都在认真倾听你的谈话，观察你的一举一动，它知道你有哪些引人关注的优秀品质。它还会告诉你，它完全相信你有能力实现自己的想法。如果它有一部电话，它可能会给自己的朋友打电话，把你隆重推荐给它们。但是，因为它不能说话，你可以摆放好自己的作品，好好端详它。然后，提醒自己，在现实生活中一直有人关注你，欣赏你，并相信你有能力实现自己的目标。

但是，你可能会反问，我以前搜集的所有负面评价应该如何处理呢？这些负面信息会不会把我好不容易才塑造成功的执行力导师打得粉碎？不会，因为那些攻击你的人很少是值得你信赖的人。当然了，他们可能有着不错的工作职位，甚至在自家书架上还摆放着曾经获得的奖杯，但是他们没有 X 光一样的眼光，他们根本没有发现你身上的优秀品质。他们总是根据肤浅的、毫无想象力的标准，对你过快地作出否定性的结论。你没有完成销售工作，所以你不好；你在开会讲话时紧张得脸色通红，所以你是一个懦弱无用之人；客户不喜欢你写的业务资料，所以你没有工作能力。他们没有深刻的洞察力，根本没有看到你内在的闪光点。

一个缺点常常是一个优点过度使用的结果

在看待缺点时，应该刨根问底，从本质上分析问题。这样，你就会从善意出发，更好地处理相关问题。虽然一个人不善于成功销售，但是可能非常擅长了解他人的观点，不喜欢将自己的观点强加于他人头上；开会时爱脸红的人可能非常聪明，只不过考虑得太多，过于担心罢了；一个客户之所以不喜欢你编写的广告文字，可能是他过于顽固地坚持某个观点，排斥你的创新性思维而已。

那些非真正意义上的导师，总是把自己看得高高在上，批评你的所谓缺点，实际他们根本不是性格分析方面的专家。不论他们显得多么自信，他们的观点都不可避免地会受自己缺乏耐心、短视，甚至不便明言的担忧等因素的影响。就像杂志上刊登的令我们垂涎三尺的完美身材一样，常常是非自然性饮食或者服用激素的结果，那些傲慢的批评家常常是保守、封闭的自我怀疑者。他们很善于伪装。他们外强中干，色厉内荏，一旦你出点差错，他们便会大肆攻击。一个自信而又充满智慧的人不会像他们这样随随便便地批评他人。他会客观地分析你的错误，承认你的长处，然后根据你的具体情况向你提供发展计划。他知道，一个缺点只不过就像电源短路引发的故障一样。

我有一个记者朋友名叫帕斯卡尔。主编认为她竞争意识不强，不适合做大城市的媒体记者，要求她辞去日常报道工作。虽然她不愿意，但是还是离开了那个工作岗位。这件事对她打击很大，认为自己非常失败。后来，她又在一家社区性周报找了一份工作。但是，为本地企业撰写毫无价值的宣传性文章让她一点儿兴趣都没有。后来，她又到一家企业担任新闻通讯编辑。本来，这应该是一个非常不错的工作，但是公司领导又要求所有稿件必须提交讨论，大家也吹毛求疵。这对于她来说不啻于下地狱。帕斯卡尔对自己的工作没有激情。也难怪，因为在这些工作过程中她必须忍受一位编辑轻率无礼的评头论足。我问帕斯卡尔，有没有可能那位编辑对她的认识是错误的。

“不可能，”帕斯卡尔一口否认，“她对我的批评都对。”

“你是不是觉得在采访时很难向人提出十分尖刻的问题？”我又问道。

“我不喜欢提冒犯性的问题，但是如果迫不得已，我也会问的。”帕斯卡尔回答道。

“在编写新闻稿时，你是不是故意漏掉了一些信息，以免冒犯某些人？”我接着问。

“没有。”

“你是不是常常采访回来时两手空空，没有什么可写的？”

“开什么玩笑？我特别怕那个主编，不可能什么采访成果都没有的。”

“那么，你认为她为什么说你天生不是做大城市记者的料？”

“我不清楚。我想，她就是认为我不适合干那个工作。”

帕斯卡尔从来没有考虑过那位主编的动机。她只是认为主编是新闻方面的专家。但是，现在回过头来再想一想，主编——我们权且把她叫做艾丽，特别爱出风头，说话大声大气，而且对自己的这种风格颇为自鸣得意。艾丽刚刚进入新闻圈时，新闻业的核心骨干都是男性，她左冲右突想尽办法终于成为主编。据帕斯卡尔回忆，艾丽常常和新闻编辑室同事一起出去娱乐，那些人与她总是大声喧哗，一副我行我素、无所顾忌的样子。相比之下，帕斯卡尔则较为内向、安静，说话慢声细气的。最后，她终于承认，艾丽对她的认识可能并不是基于报道能力，而是她的性格。艾丽很可能不喜欢那些刻意避免成为众人关注焦点的女士。后来，帕斯卡尔又去了另外一家日报社当记者，新主编根本不认为她恬静的性格有什么问题。

所以，我们必须有所选择。你可以根据别人对你的正面评价塑造自己的导师形象，当然你也可以相信别人对你的批评。不过，如果你坚持把注意力集中在别人对你的批评上，那你只好从那些批评者身上寻找灵感和鼓励。

导师可以是任何类型的——有些人可能并不是特别有魅力

导师的权威定义是教师或者值得信赖的顾问。教师可以是各种各样的人。你的一个朋友哀叹，本来他希望做一名心理咨询师，但是他的姐姐对他说他过于自私，不适合从事这一工作，于是他就放弃了。他就是你的老师。一位行政助理本来希望从事房地产销售工作，但是她的老板说她天生不是那块料，于是她便放弃了。她也是你的老师。一位机智幽默的采购商原来希望做一名文案撰稿人，但是一位英语教授告诉他，写作是他的弱项，于是他便没有从事那一工作。哦，对，他也是你的老师。一位美甲师回忆起自己当初选择职业的经历时，便会不由自主地使劲捏你的手指。她说，当初本来自己希望做一名护士，但是她的妈妈说，她总是思想不集中，丢三落四的，所以她就没有从事那个职业。

那么，这些人教给了你什么东西呢？首先，由于他人的反对你就没有尝试自己希望从事的工作，现在反过来唠唠叨叨表示后悔，不会得到人们多少同情。其次，根据他人批评决定人生选择的人没有执行力精神，不会坚定不移地追求自己的理想。他们按照这一方法选择后，是不是更快乐呢？当然不。

伊恩希望创办自己的公司，但是他的妻子雪莉深表担忧。

当他们两个到我办公室咨询时，雪莉对伊恩说："伊恩，你应该知道，你一遇到数学问题，就会变成一个白痴。"为了证实自己说得没错，雪莉还挑衅似的说："我敢打赌，你根本不知道 29×13 等于多少。"

在伊恩还没有心算出结果时，我已经用计算器得出了答案，并大声叫道："377。"

伊恩和雪莉很不高兴地看了看我。其实，我根本就没指望他们对我进行表扬。

我清了清嗓子说："我想，雪莉的意思是说，你应该学学企业会计学。"

"学习什么？"雪莉满脸怀疑地问道，"他根本没有长数学的脑子。如果你想经营自己的公司，就必须有数学头脑。"

"我可以雇一个会计呀。"伊恩回答说。

"这个想法不错。"我点头表示同意。

雪莉又狠狠地看了我一眼："这还不够好。现在每个人都会挪用公款。你必须自己管理账目，否则你怎么死的都不知道。所以，伊恩，像你这样的人，应该老老实实做职员。”

“我可以学习如何阅读账本，”伊恩说，“这并不像脑外科手术那么复杂。”

“对于一个正常人来说，的确不是很复杂，但是，就你，连加法都不会算，哼……”雪莉说。

“一个人，比方我，如果把生活压了宝，就肯定不会上当受骗的。你会发现，我会发疯一样地爱上财务报表分析。”伊恩反驳道，他看了我一眼，接着说，“而且，现在，我们还有一种叫做计算器的东西。”

“但是，你太不擅长数学了。”雪莉仍然态度强硬地说。

“唔，是啊，过去我还不擅长在停车场平行停车呢。不过，后来我们搬到了车流量大的街道就不一样了。现在就算只有一块最小的空地，我也能一把停进去，连挡泥板都不会碰一下。人是会变的，你知道吗？这叫学习。”

此刻，伊恩面临两种选择。他可以听反面导师雪莉的意见，向自己的弱点低头。雪莉坚持要他同意自己的观点，即他没有长一颗数学脑瓜，所以根本玩不转自己的公司。另外一种选择是，他可以听取自主塑造的导师的意见，这是一种来自他内心深处的声音。这个声音告诉他，在过去的岁月中，他已经学会了很多东西，而且只要他充满动力，他会继续学习新的东西。

最后，伊恩选择了自己创造的导师的指引，七年之后，他还在开着自己的公司，而且经营情况还相当不错。他向我承认，他对于账目审查的细致程度近乎疯狂，因为他觉得必须向雪莉证明他可以管理好公司财务。这样看来，反面导师有时也会起到激将法的作用。

个人备忘录

一个真正的导师会帮助你实现自己的潜在价值。一个毫无善意的批评者则不一样，他会认为你的缺点是永远不可能改变的，就像你长了一双扁平足一样，你会带着它从摇篮一直走进坟墓。事实上，当人们认为必要时，当人们想要时，就会发展自己的能力。你可能永远不会成为自己所在领域的世界头号大师，但是你绝对能够取得大幅进步。音乐教师表示，即使那些患有音盲症的人，经过合理训练，也会区分不同音高的音符。很多行动毛毛躁躁的人也会学会溜旱冰，并且不会总是摔得青一块紫一块，或者把胳膊、腿摔断。

执行力导师之所以能够得到我们长久的感激，就在于他们能够充分而全面地分析我们的情况，鼓励我们发展自己的技能。但是，如果没有人可以拉着我们的手前行，我们还是可以走路的，最后还可以跑起来，沿着属于自己的道路飞奔。如果你重新审视自己走过的人生道路，你会发现其实你取得的很多成绩都是在没有人帮助的情况下实现的。

如果你能够彻底回想一下过去的生活，你就会发现，虽然很多时候你的心已经提到了嗓子眼，但是仍然可以大胆地讲话做事。不论你是一名胆怯的中学生，还是一名某项具体事业的支持者，你都可以在内心力量的鼓舞下举手回答问题或者去执行一项工作。在内心导师的鼓励下，虽然手心出汗，但是你仍然大胆地拿起了电话与客户联系；虽然内心好像有无数只蝴蝶乱飞乱撞，但是你仍然走进房间参加会议；虽然没有相关经验，你仍然去一个新公司申请工作；虽然你不知道旅行的结果如何，你仍然坚定地乘坐航班出行。如果你静下心来好好想一想，就会发现在过去的生活中，虽然很多次你的内心在发抖，但是你仍然执行了自己的计划。你比任何人都更清楚自己的勇敢经历。所以，虽然一位导师可以帮助你明确自己的优点，但是如果没有可以依赖的导师时，你总可以自己塑造一位导师，指引自己前行。

对自己的终级祝福

20 世纪 80 年代初，先同居再作重大人生决策——例如买房子或者移居海外工作等，还是一种十分普遍的做法。但是，我却参加了一场非常特别的婚礼。我的朋友谢莉向人们发出结婚请柬，但是新郎竟然是她自己。当我们打开邮箱发现她寄来的用亚麻信封包装的结婚请柬时，不免大惊失色。然后，我们相互打电话议论起来，都猜不透谢莉在婚礼上一个人将如何扮演新娘和新郎两个角色。直到举行婚礼时，我们才得到了答案。雪莉摆放了一个时装模特，外面穿上她的婚纱，代表她自己。轮到新郎讲话时，她就会把一件男士上衣套在婚纱外面，代表新郎。举行完仪式后，我们都不约而同地要求她站在婚纱模特旁边，让她将一只胳膊搭在自己的“新郎”身上摆好姿势与我们一起合影。我们甚至禁不住想象，将来她准备买房子去银行会见信贷部经理谈论抵押贷款时，会是一番什么景象。她很可能不断地从一把椅子换到另一把椅子，分别代表她和她的丈夫。

参加婚礼时，我们相互约定不要左右张望，以免实在控制不住，引发哄堂大笑。从这个角度来看，婚礼可能并不完美。但是，后来谢莉站在自家的后院里，大声宣布以后她将更爱自己，以自己为荣，尊重自己。然后，她又隆重地举起一大瓶香槟宣布：“为了我和我的未来干杯。”我们一直玩到深夜，大家都很开心，感到世界上没有什么事情是不可能的。

有时，你别无选择，必须完全依靠自己。你必须为自己吹响前进的号角，无论多么尴尬都无所谓。不过，你并非孤军奋战，你还有内心的导师与你并肩作战。如果你从来不对婴儿微笑，他们也会变得情绪低落。同样，如果我们总是得不到鼓励，甚至连自我心理暗示都没有，我们也会变得越来越沮丧，越来越没有信心。这种对自己后背的轻轻抚摸和鼓舞士气的拍打可以产生我们无法想象的神奇力量，它表示我们相信自己，相信自己有能力实现心中的愿望。这种自我认识的基础是我们从前取得的所有秘密、非秘密的成绩和来自他人的赞许。

提示卡

- 具有执行力精神的人从来不会压抑自己多年来受到的表扬和赞许，相反，他们会把这些经历视为无价之宝。他们将这些积极信息作为能量储备起来，当他们感到信心不足时，就会依靠它们鼓舞自己的士气。
- 回顾自己以前的经历，回味他人对你的赞美和鼓励，你取得的所有成绩，以及你征服的所有恐惧，无论大小轻重，尽量让它们在脑海中生动起来。这样，你就可以塑造一个属于自己并且深信不疑的执行力导师。

练习

塑造属于自己的执行力导师

孩童时代，我们很容易就会满怀自豪，充满信心。一句无关紧要的话，例如，“你真棒，用耙子把落叶收拢得干干净净”，就会让我们心里美滋滋的，身体站得更直，似乎长得更高了一样。然而，如果我们对一个成年人说他把落叶收拾得干干净净，人们常常淡淡地说一声谢谢，作为对赞许的回应。然后，可能还略带一丝挖苦地回应道，如果有人帮忙，我们可能做得更好。

随着年龄的增长，我们的听力反而恶化了，在很多不必要的方面得到了发展。我们再也听不到那些小小的表扬，只是关注那些讽刺挖苦和质疑批评。有一位客户向我咨询时抱怨说，每天从早到晚没有一个人对他说一句正面的话。然而，当我们深入分析一天之中发生的事情时，他反而发现了几个具有积极意义的例子，人们对他的话表现出兴趣，因为一两件事对他表示感谢等等。他的注意力完全集中在自我想象中人们对他的怠慢上，所以根本没有发现人们对他的积极评价。所以，每天结束时，他就会变得越发没有信心，不知道自己起草的计划书或者在会议上的发言是不是让人满意。

当你缺乏信心时，最好的应对措施就是塑造自己的执行力导师。

为了塑造自己的执行力导师，你应该回想过去自己受到的各种表扬，包括近期的和很久以前的，然后把它们的本质特点写下来。最重要的是，要避免怀疑表扬你的人的内心动机是否真挚。如果一位十年级的老师夸奖你天生具有面对公众演讲的才能，他是不可能对自己所有的学生都作这种表扬的。如果你的老板说，他对你的创造性想法很感兴趣，不可能只是出于善意才这样说的。在说话时，人们可以选择的东西很多很多，他们之所以选择那些赞美之词，并不是完全无动于衷的。

此外，你还要回想自己过去感到自豪的时刻，以及自己取得成功的事件。然而，这些自豪和成功都不必特别辉煌和巨大，不必非要像奥运会选手拿到冠军那样才值得回味与品评。

尽可能多地回忆并搜集别人对你的积极评价和富有意义的成功，然后将它们放在脑海中的显著位置。当你需要鼓励时，让它们在你耳边轻声提醒你，提醒你注意自己的优点、能力和发展潜力。

值得记住的事情

1. 我记得，小时候当人们对我说下面这些话时，我就会非常高兴与自豪：

____

____

____

2. 回顾自己以往的生活经历，让我信心倍增的成功事件有：

____

____

____

3. 有时，我确实会感到信心不足或者心情紧张，但是我不会因此而放弃下面这些事情：

____

____

____

4. 我受到的最美好的赞美是：

____

____

____

5. 在过去的一年中，我感到快乐的时光有：

____

____

____

6. 我对自己最满意的事情是：

____

____

____

他建议我在脑门上用刺青刻上一句话：
“本人很烦，别惹我，否则后果自负。”

Chapter 15 第十五章 如何战胜寂寞与厌倦

The Follow-Through Factor

当你贯彻执行一个目标计划时，对于厌倦这个问题，你应该注意两点。第一，每个人都会有厌倦的时候；第二，厌倦根本没有什么值得恐惧的。当你感到极度厌烦，或者认为自己已经江郎才尽，马上就会彻底完蛋时，这两点将对你产生巨大的鼓励作用。这样，你就不会认为厌倦有多么可怕了。此时，如果你能再坚持一秒钟，或许就能轻而易举地解决厌倦问题，就不会让自己像尼亚加拉瀑布那样越来越沮丧，而且一发而不可收。

“我现在简直烦死了。”里奇绝望地对我说。他刚刚创办了自己的公司，正在焦头烂额地四处筹措公司运转所需要的资金。“我已经厌倦了市场分析，厌倦了寻找投资者，厌倦了不断编写和修改投资者关系报告。你知道吗，那天我的合伙人对我说什么？”因为愤懑，他的嗓音不由提高了一点儿。

“他说什么？”我问道。

“他说已经听够了我的抱怨，他建议我在脑门上用刺青刻上一句话：‘本人很烦，别惹我，否则后果自负。’”

“噢，好了，好了，我要出去一会儿，喝三大杯超浓咖啡，让自己镇定下来。”

“多可笑。”里奇说。

虽然厌倦感不能真的杀死你，但是很多人因为忍受不了它的窒息感，不得不放弃自己正在从事的计划。这太可惜了，因为如果你认真分析一下厌倦感，你就会发现它其实是一个毫无危害的守门人，它之所以把自己打扮得像地狱使者一样狰狞可怖，只是为了好玩而已。如果你把它推到一边，经过它的身边，你就会进入一个阳光灿烂的世界。但是，如果你听任厌倦阻止自己前进的脚步，你就会两手空空，一事无成。

当我们在贯彻执行一个目标计划时总是会感到厌倦，原因可能是多方面的。最主要的原因是，执行每一项计划都会遇到很多烦琐的小事，令你不胜其烦。编写询问函和贷款申请报告，编写潜在客户名单和陌生客户拜访名单等等，非常琐碎枯燥，即使几大桶咖啡或者劲辣爆米花也不能消除这些工作给我们带来的烦躁感。

如果我们对厌倦情绪有一定程度的了解，或者确信自己最终一定成功，经过一番努力，我们还是可以料理清这些杂七杂八的琐碎事务的。不幸的是，大多数时候，我们都是在黑暗中摸索，对未来根本没有多大把握。通常，我们根本不知道一项具体工作是否有助于目标的实现。由于这种不确定性的频频袭扰，我们不免时而移动鼠标，到网上消遣排解一番，看看跳蚤是如何配对的，了解一下狗的血统是如何遗传的。这说明，你没有通过厌倦守门人对你的第一次考验。

探索与尝试是一个讨厌而又不可避免的过程

厌倦守门人经常问到的一个问题是："如果这是死路一条，你怕不怕？"对于这个问题的正确回答是："哈，怕死胡同。你认为我会吗？根本不可能。有什么招数尽管使出来吧。"当然，你也可以不用过分夸张自己的热情，但是你必须知道，不断探索与尝试是贯彻执行力过程的一部分。你所做的工作与研究人员整天在实验室里不断做实验没有太大区别，他们可能辛辛苦苦工作好几年，反复测试，最终才能找到合适的计算公式。你必须走完一条路才能进入下一条路。这里所说的"走完"是一个关键词，因为它会让人感到极度疲惫。然而，在这个问题上，不存在任何捷径。

我们常常认为，外界环境实在可恶，正是它让我们一直没完没了地工作，让我们生出没完没了的烦恼。于是，我们便认为，如果改变外部环境，所有的烦恼就会像免费的奶酪蛋糕一样飞快消失。行为分析学家认为，正是在这种思想的驱使下，我们才会不断地寻找新玩具，寻找新刺激，以便让我们永远保持愉悦状态。然而，正如很多被父母宠坏的富家子弟经常进戒毒所一样，无度的购物消费和纵情娱乐从长远来看是不可取的。

在任何情况下，这种求新求变的想法对于刚刚启动的计划都是有害的。希望实施某个想法的人常常感到倦怠的另外一个原因是，当你在考虑实施一个新计划时，它便会出现在你的所有生活环节中，包括生活、吃饭、睡觉，甚至一呼一吸之间都有它的影子。于是，一段时间以后，这个想法就会过于膨胀，压得你喘不过气来。这种情况就像让你一天二十四小时一刻不停地跟在某个人的后面一样，时间一长，你会感到非常疲倦与厌烦。不论你多么喜欢对方，有时你会发现他总是不断重复又臭又长一点都不可乐的笑话，最后你可能忍无可忍，希望跑到一边大声尖叫。同样，如果你第一百万次询问自己，是否粉红泡菜这个名字特别适合自己饭店的业务，或者在自己网站上举办一次竞赛是否是个明智之举，实际上你是在否定自己的想法。如果你总是对同一个问题担心得要死，那么你就会无可救药地厌倦。这就是为什么那些具有执行力精神的人都认为任何决定都比没有决定强。

就目标计划来说，如果厌倦只是分散我们的注意力，那也算不上多么致命的问题。但是，事实情况根本不是这样。这就是厌倦守门人的第二次考验，很多人常常在这里栽跟头。你可能告诉这位守门人，自己想休息一会儿，然后再回来。但是，守门人会告诉你，它的耐心是非常有限的。如果你出于厌烦避开目前的工作，很有可能你再也找不到回来的路了。

避免诱惑与干扰

如果你事先决定自己追求的目标不要太艰难，在较短时间内就可以实现，也不失为一个很好的策略。这样，厌烦感就会消失，胃痛好了，脚也不会乱踢乱跺了。在这种新的愉悦状态，你会发现自己可以舒舒服服地坐下来，考虑是不是可以不要对自己过于苛刻，对自己好一点，减轻一点压力。然而，在你还没有弄清这样做是否正确之前，

“从明天开始我再节食减肥”之类的想法已经控制了你。

希望给大脑放放假，暂缓执行计划想法所存在的问题是，我们会不断地延长这种暂缓执行的想法。于是，我们的斗志和干劲就会消耗殆尽。前一分钟，我们餐厅的桌子上还摆放着文件、名单和计划书，然而下一分钟，我们已经把所有东西都收拾进了纸箱子，放进地窖。不会，你会自欺欺人地说，这只是“暂缓执行”而已。这个箱子和被丢到了爪哇国一样没有什么区别。它被存放起来，而且会一直存放下去。储物间存放的东西都是我们不愿意处理，扔掉又感到可惜甚至内疚的物品。不信，你现在就去看看自家衣柜的犄角旮旯，里面肯定有不少东西。例如，没穿过几次的鞋子，没有完工的画框，半新不旧的羊毛衫，还有一大塑料袋写了一半的信件，旧笔记本，颜色泛黄的剪报（你认为上面的信息可以帮助你开发自己的新计划，剪下来备用的）。

个人备忘录

很多人可能自身就不善于贯彻执行力，所以他们常常积极怂恿你暂时休息一下，以便多一个同盟者。如果这时你表示十分厌烦，他们马上就会建议你干点别的事情。我们从儿童时代得到的教育就是，不要无所事事，不要厌烦了还坚持做原来的事情。如果一个孩子说“妈妈，我觉得很无聊”，那么他就会得到不下十条新建议。然而，从来没有一位妈妈说：“宝贝，没有坚持力不好，你应该想办法喜欢它。”所以，当你告诉朋友自己对某件事情已经厌倦，但是仍然坚持着，他们就会露出悲天悯人的表情。他们会说："忘了它吧。想不想周末和我们一起出去宿营？"如果你拒绝了他们的建议，到时候他们就会拿着玛格丽特酒搅拌器来找你，然后还会讲出一大套理论，说坚持做厌烦的事情只能更厌烦等。请偏袒一下你的未来吧，想办法让他们尽快走人。

再见了，假期。当你感到实在厌烦时，你唯一能停下来做的事情就是尖叫十分钟。此时，你可以围着社区快步走上一段时间，喝一杯咖啡，吃一个三明治，等等。这样就能让自己快乐，然后，你就应该再次回到让你厌烦的工作当中去。

令人厌倦的工作很像用牙线清洁牙齿。你感到自己在浪费大量宝贵的时间，认为可以利用这段时间干一些更有意思的事情。但是，十个牙医当中会有十个人都建议，为了牙龈的长期健康，你应该用牙线清洁牙齿，他们不可能都错了。具有执行力精神的人也会说，为了最终的成功，你必须耐得住寂寞，坚持实施自己的计划，他们也不可能都错了。

寂寞厌倦可以导致突破

很多商业成功人士表示，他们最出色的想法是在漫长枯燥的飞机旅途中想到的。班机上播放的电影他们早已看过，所以他们只好望着空中发呆。好莱坞明星经纪人伯尼·布雷斯坦（Bernie Brillstein）在自己的著作《一切都是谎言，这就是事实》（*It's All Lies and That's the Truth*）中回忆说，当他刚刚进入影视界时，一个客户都没有，所以每天在办公室的时间显得既漫长又痛苦，下班之后他会直接回家，瘫倒在床上。不过，他并没有因此跑出去看电影，和朋友们出去乱逛，或者去俱乐部消磨时光，希望以此减轻自己的痛苦。他只是径直回到家里，完全陷入寂寞孤独之中。结果，他发现这是他做过的最好的事情。他说，他躺烦了之后不由自主地分析起自己哪些事做得对，哪些不对。最后，他得出的结论是，必须继续努力尝试。慢慢地，他建立了自己的业务，明星们开始不断找上门来与他合作。

不论你是在坐禅调理呼吸，还是盯着天空发呆，还是望着空荡荡的电脑屏幕什么不都做，无聊就是无聊。每个人都想尽快地逃离这种状态。我们会拿起电话和朋友联系，拿起遥控器看电视，拿起车钥匙出去兜风，总之尽可能地远离这种身心都备感无聊的状态。但是，最糟糕的事情就是向这种欲望屈服，因为这样做你什么积极的目标都不会实现，你只是在逃避目标的实现。

烦躁不安的情绪出现一段时间以后就会消失。坚持比你自认为能够忍受的时间更长一些，度过那种让你浑身不自在的无聊时期。不要沉迷于网络游戏或者在 Facebook 上没完没了地发帖子。如果你感觉困了，给自己冲一杯咖啡，多加点糖，拼命吃饼干。总之，想尽一切办法继续处理与自己计划有关的事务。

处理无聊的一个方法就是让注意力暂时从手头的工作转移，想象你正在庆祝自己取得的成绩。这也是我对里奇的建议。我让他想象他已经筹集了足够的资金，公司业务也十分成功。我让他以此为背景对着我演讲，但是要想象我身后站着一群年轻的企业家。

“现在？”他有点惊讶地问，“我还从来没有想过。”

“是的，就现在。”我说。

“我应该站起来讲吗？”

“当然，不过你也可以选择自己认为合适的姿势。”

“你有领带吗？我想借用一下。”

真正进入想象状态将给你带来非常美好的感觉，但是你不能把有限的时间浪费在一些无关紧要的细节问题上，例如，在你的获奖庆祝晚会上，会出现哪些甜点等。要把注意力放在陈述你真实的愿望上。

“这就足够了，我这里碰巧没有领带，里奇。不过，不系领带也不错。设想你正在周末度假聚会时演讲。”

于是，里奇站起来，清了清嗓子。“伙计们，”他以低沉有力的声音说道，“请看看我的指关节。”他把手举起来，然后握成拳头。“它们看上去非常粗糙，这是我挨家挨户拜访客户时敲门留下的纪念。你们哪位也有长满老趼的手？请举手让我看看。”

里奇充满期待地看了看我。于是，我马上把手举了起来。

“不错。”他说。我向他微笑了一下，然后揉了揉自己的指关节。

“正是因为我锲而不舍地坚持挨家挨户地敲门访问，我今天才能站在这里向大家演讲。”里奇说。他继续讲下去，并发现从那一刻起自己爱上了演讲。

四十五分钟以后，我不得不让他停下来。“那么，现在请你告诉我，下次当你感到极度无聊时该怎么办？”我问道。

“我会对自己说‘伙计们……’，”他再次用低沉有力的声音说，“请让我看看你们长满老趼的指关节。”里奇微笑着说：“我喜欢这句话。我要一直用这句话鼓励自己，奋力坚持下去。”

那些具有执行力精神的人都知道，如果你坚持忍受寂寞，最终它一定会为你让路。屡试不爽，我敢向你保证。让自己坚守寂寞，特别难以忍受的寂寞，最终那种惊慌失措和焦虑不安的心情一定消退，随之产生的是满足感。因为坚守了自己的诺言，你一定会为自己高兴与自豪，充满希望，充满宁静，灵感也会源源不断出现。所以，当厌倦守门人问你为什么如此厌烦仍然坚持不懈时，你可以告诉他，因为你和美好的未来有个约定，希望很快见到它。

提示卡

- 每一个项目都会存在一些简单烦琐的工作。在最好的情况下，烦琐的工作只是令人感到无聊与厌倦，但是如果你对于自己目标的未来回报没有把握时，它会让人感到特别煎熬难耐。此外，如果你时刻念念不忘自己的目标计划，也会产生枯燥无聊的心情。
- 要敢于直面寂寞与厌倦，不要逃避，因为逃避于事无补。逃避只能让你无法实现自己的目标。
- 忍受寂寞也会给你带来丰厚的回报。坚守寂寞，你终将消除焦虑不安的心态，取而代之的是沉静与安适。而且，很多时候，孤独寂寞可以给你带来灵感。

练习

如何战胜寂寞与厌倦？

当你感到寂寞与厌倦时，你很可能希望飞快地远离它，停止执行自己的计划。不要当逃兵，要坚守阵地。寂寞孤独就像沿着一条长长的笔直隧道开车，除了黑暗你什么也看不到，甚至无线电信号也会消失。于是，你开始怀疑这条路会不会有终点。你咬紧牙关，计算着自己已经坚持了多少小时，多少天，甚至多少个星期。这种感觉真的会让人头皮发麻，烦闷至极。但是，你绝对不可以转弯或者掉头。坚持沿着这条隧道行驶下去，光明一定会出现。同时，当你必须处理一些琐碎繁杂而又没有多大意义的工作时，请一定做一下下面的练习，成功就在眼前。

1. 想象你最终成功的情景。现在，请你想象已经取得了成功，要向一群人演讲，介绍你的成功经历，不要考虑成功的概率到底有多大。你希望向自己的听众提供哪些有价值的经验，鼓励他们保持自己的执行力，尤其是当他们感到孤独寂寞时，应该怎么办。

2. 将你的智慧箴言写下来，以每半小时为单位，制订自己需要坚持履行的工作计划。为了鼓励自己坚持这一计划，告诉自己每半小时之后，可以休息五分钟作为对自己的奖赏。

3. 休息之前，请迅速回想一下你向观众演讲时曾经提出的建议。如果发现自己言行一致，忍受住了寂寞，你肯定不会感到过于惊讶的。

将注意力放在实施计划的过程上，而不是实现目标的最后期限上。这样，你就会发现，你比自己想象得还要有耐心。经常用这句名言提醒自己：“耐心也是一种行动方式。”

Chapter 16 第十六章 写给缺乏耐性的自己

The Follow-Through Factor

在我认识的人当中，我本人是最没有耐心的。我很喜欢浓茶，但是我是否能等着茶叶在热水中浸泡四分钟呢？不能。当我刚把开水倒进茶壶后，便会急不可耐地给自己倒一杯，然后又会抱怨茶水太淡，一点儿滋味都没有。为了锻炼专心冥想能力，我曾经尝试过很多练习方式。最后，我选择了插花艺术，就是花枝的修剪与布置。显然，你不能一次拿太多的花，然后一刀下去切断所有枝条末端。我的老师曾经建议我选择陶艺，而陶艺老师又建议我服用镇静剂。我不得不承认，自己太急于求成，希望做了什么事之后马上能够获得满意的回报。终于，我痛苦地发现，执行力能够彻底检验一个人的耐心程度。

这是一个令人感到左右为难的事情，并不是每一个执行计划的人都愿意坚持下去，等待回报的最终出现。有人可能快刀斩乱麻地处理自己的损失，然后继续前行。几乎所有类型的专家都不厌其烦地教导我们，耐心是一种美德。我想，如果我能够捺着性子完完整整地听一次这些专家的讲座，或许我会同意他们的观点。但是，对于我们这些总是说话很快、时刻踮着脚准备走人的急性子来说，这一问题似乎没有什么值得过多讨论的。我们做什么事情都风风火火，眨眼间便结束了。

就我本人来说，我不得不承认自己并不是一个对待工作一丝不苟的优秀技师。但是，如果我决心要把房间重新粉刷一遍，我会在一天之内全部搞定。当然，我会在家具上、窗台上、地板上留下斑斑点点的油漆。最重要的是，我把工作做完了，房间已经粉刷一新。

如果你已经习惯了快节奏的生活，如果你所实施的计划总是进展缓慢，坚持下去可能确实不是一件容易的事。但是，专家们可能竖起手指摇晃着说，罗马不是一天之内就能建成的，葡萄酒存放越久越醇香，没有人一夜之间便能学会西班牙语。显然，他们的观点是，如果每个人都希望马上看到效果，世界上就不会有罗马竞技场，你永远也享受不到解百纳红葡萄酒，没有几个人可以学会西班牙语这门外语。

天性急躁的人如何贯彻执行力?

词典对于“耐心”（patience）一词的定义是，能够等待或者忍受拖延，不会产生厌烦或者急躁情绪，或者面对困难可以泰然处之、坚持不懈的能力。所以，对于没有耐心的人来说，当自己的性格与忍耐相抵触时，关键是找到一种让自己坚持下去的方法。值得庆幸的是，那些具有执行力精神的人可以告诉我们一些处理这一问题的策略。

杰吉花了五年的时间才实现了自己的愿望，利用网络广播自己的儿童护理与教育节目。当她编制这个计划时，正在一家电台从事新闻撰稿人工作。节目总监巴里让她组织编写一个试播节目。当她将自己的设计计划提交上去以后，巴里说“我会好好考虑考虑”。于是，每过一段时间，她就会向巴里询问一次，或者给他发电子邮件，并提供事实证据或者数字，证明育儿节目一定会受听众欢迎。几年来，巴里总是说“我们会研究一下”，杰吉已经不能再等了。一次，当她和电台销售部主管一起等电梯时，她及时向对方提出了这个问题。那位主管说，要开办这个节目，必须有一个大型企业资助，所以他建议杰吉与赞助商联系。于是，杰吉又写了一份策划书，制作了一个展示文件，终于实现了自己的目的。她每天必须制作一个时长为九十秒的节目，星期六上午还要进行专栏广播。

杰吉承认，她本人缺乏忍耐力。正是由于像她这种人的性格，零售商才会选择手脚麻利的收银员。她很难想象在一家时装店花四小时不断挑选和试穿衣服的做法，但是，如果她必须在超市排队交费，但愿不会出现这种情况，她会把自己辛辛苦苦挑选的商品放在最近的地面上，以最快的速度离开，就好像她家着火了一样。

那么，她到底依靠什么力量支撑着自己苦等了五年，既没有将自己的策划书撕得粉碎，也没有放弃自己当初的想法呢？每年她都会买一本新的日记本，当一月份她坐下来编写新年计划和学校假日活动安排时，她就会将“育儿”这个单词写在二月、五月、八月、十一月的第一个星期三的计划安排中。当这个星期三来到时，她就会写下这样的文字：“查找目标市场关于母婴方面的最新统计资料。查找受欢迎育儿节目的最新信息。寻找一个有趣的育儿故事。给节目制作总监写电子邮件。”

为了促成这个节目的批准与播出，她采用了前后夹击的策略。每当计划取得了一点点进展，她就会再设定一些很小的特别容易办到的目标，继续向最终目标推进。每当这些小目标实现以后，她都为之欢欣鼓舞，很有成就感。这种情况就像站在一个公共汽车站一直被动地等公共汽车和迈步走向下一个站点的区别一样。这两种做法都是在等车，例如 29 路公共汽车。但是，如果你快步从一个路口走到下一个路口等待，比纹丝不动地站在原地伸长脖子眺望更有满足感。

杰吉充满诗意地说："等待让激情枯竭。"这话太对了。等待之所以毁灭激情，是因为当你处于等待状态时，你就失去了控制能力。当你在节假日到 Gap 购物中心购物时，交款的人可能排成了长龙。但是，即便如此，你也不可能冲到柜台前，推开收银员，代替她收取你半价折扣运动衫的费用。当你想预订一张到布拉格并途经阿姆斯特丹的机票时，你可以大声对着电话筒说出你的要求，但是你绝对不能阻止航空公司的电话录音不紧不慢地说："请少候。"你不可能让时间飞起来。如果决策者不准备给你答复，你也不可能强迫他们在某个确定日期前给你一个明确的答复（为此，你不得不继续等待）。

你唯一能做的就是更加深入地分析自己所能控制的一些因素，并持之以恒。在杰吉的案例中，她采用的策略就是制订了一个时间表，将具有说服力的现实证据用电子邮件发给节目制作总监，促使对方进一步采取行动。但是，这里还有另外一个我们无法忍受的现实问题。事实上，杰吉的那些电子邮件根本没有帮她太大的忙，至少没有直接起作用。正像她自己所叙述的那样，要不是遇到那位销售经理，或许到现在她还在不断地向节目总监发送电子邮件呢。而那位节目制作总监也可能还在不断地按下邮箱的删除键，将她的邮件丢进垃圾箱，并避免在办公楼大堂遇见她。但是，她又承认，如果最初碰壁之后就放弃自己的想法，她就不可能在等电梯时向销售部经理游说。当然，现在她也就不可能制作那些小型育儿节目了。

让我们作一个假设，如果杰吉当初放弃了自己的努力，四年后当她遇到那位销售经理时会发生什么情况。他们的对话可能是这样的：

“我曾经有一个育儿节目的想法。”杰吉说。

“我们不考虑这种节目，我们关心的是工作女性的问题。”那位销售经理说。

“我知道，但是很多职业女性都是有孩子的。”

“没错，不过我们电台关注的是妇女工作问题，而不是她们在家如何。哦，对了，新闻编辑室现在的工作情况怎么样？”

“还可以。不过，我认为这个育儿节目肯定让很多观众感兴趣。我不知道巴里为什么不考虑开办这个节目。”

电梯到了。

“我刚才已经说过了，杰吉，这个题材不适合我们做。你去哪一层？”

现在，再让我们看看他们的实际对话是如何进行的：

“巴里有没有向你提起过我有一个关于育儿节目的绝好构想?”

“那个创意不适合我们，我们关注的是在职妇女问题。”

“我知道，但是听众中很多妇女是有小孩的。”

“是的，但是我们电台关注的是妇女‘工作’问题，而不是她们的‘家庭生活’……”

“你不是在开玩笑吧?我刚刚看了一个调查报告，百分之九十的妇女每天至少会五次想到自己的孩子。你知道她们是怎么想的吗?她们在想，是不是今天晚上还要为了家务进行一场战争，或者想自己的孩子是不是像一个弃儿，因为他们穿的衣服不整洁、不体面。我认为，人们肯定专门安排时间，一边喝咖啡，一边听我们的节目，因为这个节目讲的正是让她们感到十分苦恼的问题。我刚刚用电子邮件给巴里发去了一些统计资料，显示育儿杂志现在销量上升得很快，并且关于育儿方面的信息也非常丰富，这说明很多做父母的为孩子伤透了脑筋，他们迫切需要帮助。”

“嗯，但是，在白天安排一个这样的谈话节目不符合我们的习惯做法。但是，我们可以考虑播放一些由企业赞助的小节目。你和诺尔玛谈谈，看看你们能不能拿出一个让客户感兴趣的策划。”

电梯来了。

“你说的小节目是什么意思?”

“就像你们经常收看的‘新鲜水果吧——一分钟育儿节目’。”

“啊，但是，一分钟时间太短了。你知道，我们可以……”

如果杰吉没有一直研究和宣传自己的想法，她是不可能与销售经理进行这番对话的。此外，她说，如果几年来她根本没有思考过这个育儿节目，即使那天销售经理询问她对父母节目有什么建议，她可能都想不到自己原来的计划。如果她没有坚持自己的计划，没有保持强烈的愿望，即使比原来缩水很多的这种结果也是不可能实现的。但是，由于几年来一直积极推动这个节目，她会强烈要求自己做点什么。结果，她的坚持终于带来了回报。她喜欢编写此类稿件，并在育儿节目中为自己开辟了一片小小的天地。

缺乏耐心会引发怀疑

缺乏耐心的人有一个坏习惯，他们常常认为时间过得太快，就像日历上的纸一样飞快地减少。他们不断地警告自己，如果不抓紧时间做事“就会太晚了”。其实，他们根本没有考虑过到底是什么东西“太晚”。他们就像用手指不断敲打着桌子，计算世界末日一样。事实上，他们不断催促自己背后的真正原因是恐惧，这倒不是说他们担心地球爆炸之前没有机会实现目标，而是担心让自己失望。他们只是不相信，希望实现的目标会实现。

他们担心具有同样想法的人会抢先撞线，人们会把他们遗忘，一些自己未曾遇见的情况会迫使自己偏离原来的前进方向。所以，他们希望“现在”就实现目标，否则可能永远实现不了。如果有人给他们一个担保，或许他们会稍稍放松一点儿。

具有执行力精神的人坚信，如果说可能有一个担保的话，那也是他们自己创造的。

我的一名客户名叫巴博，计划创作自己的第一本侦探小说。小说的主题是瓶装饮用水，而一个送水侍者则是其中的业余侦探。但是，巴博非常担心有一位成名作家可能想到同样的创意，抢先发表一本同样的作品。她非常紧张，整天提心吊胆，每个星期六就会发疯似的搜寻各种出版信息，看看有没有人发表类似创意的作品。如果这种担心促使她夜以继日地不断创作，也不算什么坏事。但是，事实并非如此。急于完成作品的心态让她极度烦躁，反而影响了她的文思和创作灵感。本来，她需要一些时间构思新的情节和人物形象，但是因为总是感到时间紧迫，她已经无暇想这些问题了。

对于巴博，我只给了她一句极其简单的建议："那又怎么样？"就算其他作家创作了一个类似主题的作品又怎么样？几十年前，一位英语文学教授曾经对我讲过："在写作上已经不存在新的创意，有的只是新的写作手法罢了。"我们生活在一个盲目模仿的时代。一个原创性产品、服务、技术、图书、电影一经面世，马上就会有十几个类似的东西跟着出现。当前时代，每一个创意都可以眨眼之间被人效仿复制，你制胜的唯一法宝就是做到最好，而不是第一个做出来。

缺乏耐心的人常常将自己的计划看成一个不能错过的航班。如果你在去机场的路上遇到交通堵塞，飞机到点就会飞走，你的机票费也拿不回来，怎么办？你会诅咒，感到很倒霉，生自己的气，感觉整个世界都对不起你。然后，你无奈地回家，趴到床上一动不动。旅行彻底结束。

但是，具有执行力精神的人不会把自己的计划想象成赶飞机，而是要飞往的城市。他们可能会错失几个飞往巴黎的航班，他们可能遭遇意想不到的情况，中途需要停顿几次。但是，他们知道，无论旅行过程怎么样，他们一定可以赶到目的地。

个人备忘录

我们之中的一些人特别没有耐心，干什么事总像开车赶红灯一样，油门一踩到底。对于他们来说，设定工作目标时，应该给自己多留出一些时间，清醒理智地对待生活，让自己更舒服一些。如果你总是浮躁不安，那么你应该问问自己："为什么我必须这一周获得一个答案或者得到一个结果？"十之八九，你可能会生气地说："因为我想让计划赶紧进入下一阶段。"但是，很多情况下，你完全可以通过做另外一件事情，甚至一件很小的事情，就可以同样靠近目标。你可能反驳说，虽然你可以采取一些较小的步骤，但是没有大踏步地前进，你不可能在最后期限内完成任务。那么，你就应该修改自己的最后期限。当然，如果你必须在某个具体时限前完成工作，那么你别无选择，必须要求人们给你一个答案或者给你一定的时间。但是，如果你为自己设定的这个最后时限是不现实的，那么你必须具有灵活性，否则就是自找麻烦，明知不可为而为之。

耐心也是一种行动方式

杰森是一位法拉利推销员，他就必须学会有耐心，否则只能干别的工作。法国雕塑家奥古斯特·罗丹（Auguste Rodin）的话给了他启示。罗丹说："耐心也是一种行动方式。"顾客购买法拉利不可能是一时冲动的行为，对于那些资金充足，为了一辆车甘愿支付 25 万美元的富翁也是如此。对于杰森来说，每卖出一辆法拉利，都是一个漫长的销售过程，就像和顾客一直慢悠悠地跳舞一样，有时甚至好长时间找不到合适的舞伴，只能静静地坐在舞池边看着别人翩翩起舞。

和杰吉一样，面对每一次机会，杰森都会竭尽全力。此外，他还会按照预先制订的计划定期向意向客户发送定制的十分诱人的销售信息。但是，在这期间，当潜在客户不在眼前时，杰森就会把对方忘了，注意力完全集中在其他事情上。他说，如果自己不这样做，所有的等待、疑虑、欲求等实在痛苦，会让他发疯的。

为了避免被这些痛苦情绪纠缠，杰森告诉自己，成交最后一定会实现。为了不给自己太大的压力，他把这个"最后"设定为"两到五年"。杰森解释说："我的心态很平和，因为我坚信结果一定是好的。但是，为此我必须尽最大努力和潜在客户搞好关系，一直保持他们对法拉利的强烈兴趣。为了避免烦躁情绪，我会告诉自己，虽然成交是肯定的，但是不会是明天或者明年那么快。"

具有执行力精神但是性情急躁的人说，如果他们被消极情绪所控制，就会出现两种情况：其一，他们的推销变得越来越生硬，甚至让客户感到畏惧，于是客户就会敬而远之；其二，他们沮丧之下，就会无奈地放弃。所以，对于那些像杰森一样具有执行力精神的人，他们会为自己的计划制订十分现实可行的时限，这样他们就会将注意力放在实施过程上，而不是要求自己或者他人马上出效果。

提示卡

- 当我们不能按照自己预想的时间和方式实现目标时，就会变得烦躁起来。我们会变得狂躁，失去控制。消除烦躁最有效的办法是为自己设定一系列微观步骤，一些我们较为容易就能实现的目标。
- 从根本上来说，急躁情绪的背后是恐惧感，我们担心如果现在不能实现目标，那么由于这样或者那样的原因，目标可能永远实现不了了。谁也不能保证竞争对手不会超越你，或者一些不可预见的环境因素不会迫使你改变前进的方向。你可以从现在的位置走到另外一个位置，但是你可能需要重新思考自己的前进方式。只要你一直在执行自己的执行力，你就可以完全相信，目标早晚是会实现的。
- 将注意力放在实施计划的过程上，而不是实现目标的最后期限上。这样，你就会发现，你比自己想象的还要有耐心。经常用这句名言提醒自己：“耐心也是一种行动方式。”

练习

为自己设定切实可行的最后期限

实现目标的最后期限就像一条噼啪作响的皮鞭，它会迫使我们采取行动。它会让我们生出一种紧迫感，催促我们不要迁延耽搁，要和时间赛跑。但是，只有当这个最后期限切实可行时，才是有效的。一个不现实的最后期限就像一个无法解答的数学题一样没有意义。在进行最初的尝试之后，我们就会沮丧地承认努力是徒劳的，不如放弃。

我的一位客户是一位银行高级主管，对工作越来越厌烦。几年前，他曾经试图在一个全新的行业找一份工作。他聘请了一家简历写作专业公司为自己服务，并计划在四个月内找到一份新工作。当他为自己设定的最后期限快要到来时，他仍然没有获得工作机会，于是他便认为永远不可能找到新工作了。我建议，我们一起制订一个为期十八个月的就业转型计划。结果，他的心态和最后的结果都发生了明显变化。

所以说，你可以为自己的计划设定一个最后期限，但是不要让烦躁的心态影响自己，随便设定一个不现实的日期。具有执行力精神的人都知道，唯一优秀的最后期限肯定是一个切实可行的时限。请回答下面的问题，确保你为自己设定的最后期限是合理和现实的。

1. 你的最后期限是什么?

2. 为了在最后期限前实现目标，需要实施哪些工作?

3. 为了实现目标，你能够控制的因素有哪些?

4. 哪些因素会导致你的工作停滞不前，而且是你不能控制的?

5. 在等待的过程中，你可以从事哪些工作确保自己继续前进？

____

____

____

____

6. 重新审视你对上述问题的回答，看看你为自己设定的最后期限是否切实可行。

____

____

____

____

不尝试可能确实更安全，但是随着时间的推移，你内心质疑的声音会越来越响亮，会越来越认为自己是个懦夫。事实上，失败对我们的伤害远远没有我们想象的那样严重。

Chapter 17 第十七章 拥有执行力的人永远不会失败

The Follow-Through Factor

有人说，爱过但失去也比根本没有爱过要好，事实是否真的如此呢？这个问题的答案，取决于你询问的时间。当你和恋人分手时询问这个问题，你会不同意这个说法，会认为实际情况根本不是这样。如果可以自由选择，你可能失恋后花好长时间蹲在沙发上看电视打发日子，泪水不断洒在遥控器上，除了玉米粉圆饼什么都不吃。但是十年后，当你和朋友们一起周末度假时询问同一问题，你很可能打开一瓶葡萄酒，然后饶有兴趣地回忆起那段时光的酸甜苦辣。虽然昔日的创伤可能还在隐隐作痛，至少你有一个情节颇为跌宕的故事与人分享。

这个道理同样适用于下面这个问题：尝试过但失败了比根本没有尝试是不是更好？在《撞上幸福》（*Stumbling on Happiness*）一书中，作者丹尼尔·吉尔伯特（Daniel Gilbert）经过研究发现，我们应该崇尚冒险精神，而不是一味谨慎行事。他得出的结论是，所有年龄段和所有行业的人都会为自己没有采取行动后悔，这一比例远远高于我们对曾经做过的事的惋惜程度。从一定程度上来说，这是因为我们都不愿意承认失败，而解释由于胆怯没有采取行动则要容易得多。虽然结果可能不尽如人意，但是对于自己或者他人勇于尝试的精神，我们常常会报以热烈的掌声。“我已经尽力了”常常是一枚值得骄傲的荣誉勋章，而“我没有尝试”则是人生经历的一个污点。

罗杰就是一个非常好的例子。他管理着一家经营状况不错的美食店，但是他急于求成，在另外一个地方又开了一家分店，结果不久便一败涂地，输得一干二净。当他的债务越来越多时，如果你问他是否后悔当初的冒险行为，他会拿起一大瓶辣椒酱砸到你的头上。但是，时间是医治创伤的灵丹妙药。如果你今天再问他这个问题，他会告诉你，他在那次经历中获得了很多宝贵的经验教训，所以现在才成为一名非常优秀的商人。事实上，他现在是一名特许经营顾问。

“如果你不尝试扩大经营规模，结果会怎么样呢？”我问他。

“其实，我也无数次问过自己这个问题。”他说，“我的感觉是，我会整天坐在自己的第一个店里，不断地想我可以而且应该扩大规模。如果总是那样，我会感到情绪低落，对自己相当失望。”

不尝试可能确实更安全，但是随着时间的推移，你内心质疑的声音会越来越响亮，会越来越认为自己是个懦夫。我们总是担心新尝试会让我们处于一种比现在更糟糕的境地，这会让我们对于失败的恐惧越来越强烈。你担心，如果自己投入大量时间、资金、精力，甚至以个人声望为赌注追求自己的计划，一旦失败，你就再也不能回到以前安全舒适的状态，这样你的情感或者经济就会出现危机。

如果你的工作能力很强，甚至很有声望，你会不会冒着损害声望的危险投入新的非传统业务呢？如果失败了怎么办？在办公室同事的眼里，你再也不是成功的代名词。然后，办公室的每一个大明星都会想办法继续保持自己不灭的光辉，或者被后来居上者所取代。而且，冒险尝试新的东西，就像站在树上努力往外伸手摘水果一样，脚下的树枝可能不堪重负突然折断。于是，你便会心生质疑，这样做值不值得？是的，值得。因为无论是失败还是不作任何尝试都会导致同样的结果——后悔。但是，对于失败，至少你还可以表示自己曾经努力过，你可以设想学到了某些新的东西。当你从跌倒的地方爬起来继续上路时，会感到比以前更加强大。然而，如果你不作尝试，就只能怀着担忧左顾右盼，不断谴责自己过于怯懦。首先，你会不断想象自己可能错过了非常美好的经历。然后，你又会设想这样做可能遭遇十分可怕的事情。之后，你又会进入下一个循环，想象美好的经历和可能遭遇的挫折，让你欲罢不能，心情极度沮丧。

如何从废墟中寻找智慧的宝藏？

当然，从失败中获得经验教训和从废墟中找到智慧的宝藏完全是两回事。具有执行力精神的人在这一方面具有非常出色的能力。总之，改变现状获得成功与走进电梯按下上楼的按钮有着本质的区别。尝试过程至多是一个进两步退一步的状态。

如果认真倾听具有执行力精神的人叙述自己克服各种挫折的故事，我们就会发现，战胜挫折的秘诀就是跌倒了爬起来，扫除身上的尘土，把挫折感抛在身后，重新抖擞精神上路。换言之，如果他们向前走了一段没有发现任何坑坑洼洼，反而会停下来思考将来会有什么挫折。但是，他们绝对不会认为自己跌倒了再也爬不起来，是一个毫无希望的笨蛋。

为了从失败中吸取经验教训，你不能过多地在自己身上找问题。具有执行力精神的人常常将失败归因于缺乏足够的信息，考虑不周，或者存在自己不能控制的事件。他们会承认自己有责任，但是绝对不会只是简单地责怪自己。两者之间存在着天壤之别。承认自己有责任，同时也意味着你有能力进行选择，有力量实施这些选择。在这种充满力量的心态指引下，你会主动回顾失败的经历，分析还有哪些可行的方法。责怪自己就像每天早晨在卫生间对着镜子拿梳子不断地敲打着脑门说“我真的没用”。具有执行力精神的人不会把失败归咎于个人缺陷，他们不会把梳子当成锤子一遍又一遍地敲打自己。

一位很受欢迎的花样滑冰教练向我们讲述了她挑选培训对象的心得体会：“我并不在乎某个人跌倒过多少次，而在乎他多少次站起来。有些人知道摔倒了不能全部怪自己，我只和这样的人合作，他们相信自己一定会越来越好。”

当然，很少有人在遭遇挫折之后毫无怨恨和诅咒，爬起来直接轻而易举地进入冷静思考状态。但是，一旦你从低落的心态中解脱出来，下一步就是给自己沏一壶咖啡，放松放松。你要知道，目前的困难是暂时的，就如做星期六报纸上的纵横字谜一样。要保持清醒的心态，同时根据目前的线索预测可能发生的挫折。你的目标是弄清哪些工作存在问题，然后想办法解决。如果实在是你无能为力的问题，就要坦然地接受现实。

我为什么失败？如何才能改善结果？

当罗杰重新审视自己所处的情况时，他没有询问自己："我为什么失败？"相反，他和所有具有执行力精神的人一样，遇到挫折时考虑的是："我如何做才能改善结果？"

如果你询问"我为什么失败"，你就将自己放在了一个最为苛刻的批评家面前，这个批评家就是你自己。这个问题实际就是在开自己的批斗会，结果你只能像我们前面所说的那样，一个人站在洗手间，对着镜子拿梳子敲自己的脑袋。"我之所以失败，就是因为我的脑袋让门把手撞了。我真是个白痴。"这并不是一种积极的思考方式，不能让你变得更强大、更聪明，也不能让你可以精神抖擞地重新上路。同样，这种思考方式也不能让你放下包袱，坚持贯彻执行自己的计划。正如我们前面提到的，执行力精神需要具有冒险意识。反过来，冒险意识要求我们在作新尝试时要做好遭遇挫折的心理准备。在实现成功的过程中，世界上的任何一个商人、科学家、艺术家、运动员都不可能绝对避免判断失误。正如奥斯卡·王尔德所说："经验实际就是我们赋予自己所犯错误的另外一个称呼。"

反过来，如果询问自己如何才能改善结果，就可以减轻自责的痛苦，让你尽快学习新知识，着手处理问题，或者接受无法改变的现实。罗杰说，他本来应该更加深入地分析自己的财务状况和市场需求，然后再决定是否开设第二家分店。因为缺乏足够的资料，他的决策过程是唐突而草率的。然而，正是这个教训后来帮助他变成了一位聪明的商业顾问。

即便我们知道失败是成功之母，但是对于失败的恐惧仍然让我们不寒而栗。失败给我们的感受很像从伤口上撕下创可贴一样：我们认为这个过程会十分痛苦，可是实际上并没有那么严重。简单来说，痛苦会有一点，我们内心也确实会有所担心，但是所有不适不久便会消失。无数研究报告显示，消极结果对我们的影响远远没有我们想象的那样漫长或者严重。

然而，我们每天仍然总是担心，将来不论发生积极还是消极的事件，都可能对我们产生严重的影响。我们认为，一次职位晋升，一座海边的别墅，一台内置了鸡尾酒调酒器的冰箱，都会给我们带来巨大的快乐。同时，我们会想，如果丢掉工作，被恋人甩了，或者破产了，我们就只有死路一条。事实上，现实生活远远没有我们预想的那样极端和剧烈。我们在讲故事时可能有添油加醋的成分，就像在菜里边加一些辣椒酱才有味道，才更刺激一样。但是，我们的日常生活远比我们想象的更加平淡无奇。

南希的个人履历非常糟糕，阅读起来就像一则讣告一般。她曾经在很多家杂志社和专业报纸工作过，而且去一个倒闭一个，所以人们不免觉得她就是一个丧门星。虽然一看到她来，出版商就会像见了瘟神一样唯恐避之不及，但是南希似乎对自己工作过的单位纷纷倒闭这一事实并不避讳。当她再一次找工作时，也不会担心将来怎么办或者将如何感受。“这种事我经历得实在太多了，”她爽朗地笑着说，“我非常清楚找工作的艰难。首先，你会觉得：‘噢，天啊，我可怎么办啊。’之后，你又会说：‘好吧，我必须抓住机会，把握命运。’最后，你又会说：‘啊，这就是现实。现在，我必须确定应该采取什么措施。’”

“第一次失业时，我对未来充满了恐惧。”南希回忆说，“我的第一份工作是找了很长时间才找到的。那是一家毫无特色、没有任何价值的报纸，实际就相当于广告传单一样。那家报纸很快便倒闭了。后来，我去了一家城市杂志，但是它在我去后第二年便呜呼哀哉了。接着，我去的是一家免费娱乐周报，只在八个月后便销声匿迹了。不过，这还不算完。但是，由于自己的这些经历，我反而觉得自己的生存能力极强。你找到一个新工作，然后失业，但是无论如何，最终你都能再次站起来。”现在，南希成了一名出色的自由作家，练就了一副宠辱不惊的心态。如果业务量下降，她也不会惊慌；上午将自己撰写的稿件发给报社，下午去电影院消遣，生活安排得有条不紊而又有声有色。

失败并没有我们想象的那样可怕

那些具有执行力精神的人都知道，失败造成的伤害并不像人们想象的那样可怕。在生活中，几乎没有什么事情是我们不能对付的，不过你最终制订的解决方案可能和原来预测的大相径庭。但是，你永远可以相信执行力对你的承诺：虽然你不知道它会将你带往何方，但是它肯定可以让你有所进步。

此外，如果你非常非常喜欢自己的一个梦想，你可能不想冒一点失败的风险。如果这是你面临的两难选择，那么失败的恐惧就会像一把大大的铁箍牢牢地卡在你的脖子上。

梦想的激励作用非常巨大。当我们描绘美好未来时，内心感到特别愉快和自信。梦想就像买彩票，从购买彩票的那一刻起到开奖，我们都一直兴奋地想象着中奖后在阿斯本山中购买一座度假别墅，过其乐融融的日子。

劳拉见到每一个人都会告诉人家自己是一名作家，这几乎成了她的交际名片。其实，她的工作是在银行负责处理业务账单，但是业余时间她正在编写一部幽默小说，讲的是一名更年期妇女和青春期女儿之间的故事。她多次向很多人提起自己小说的主题和同样的情节，结果她甚至觉得自己已经完成了那部作品。但是，这并非事实。

过去四年里，劳拉一遍又一遍地编写着她那部小说的前二十五页。我想她的这部小说不大可能再有什么进展，因为她对自己的写作计划宣传得越多，她似乎就越来越专注于做作家这个想法，而不是具体的写作。她希望自己的名字印在畅销书的封面上，然后这部作品又被改编成电影，由大牌明星主演。只要她不断地谈论自己的作品，这个写作计划就显得非常真实，好像她本人真的成了一位名利双收的作家。如果她把自己的书稿发给出版商，但是没有人喜欢，她不会简单地认为自己遭到了拒绝，而是梦想完全破灭了。

我有一个客户，她也在写作自己的第一部著作，而且快要完成了。谈话期间，我和她提起了劳拉的故事。我问她是否有着与劳拉一样的担忧，“无所谓，”她说，“我认为一个从事写作的人就是作家。

我可能写作了很长时间都不能出版一部作品，但是只要我坐在计算机前边写作，我就认为自己是一名作家。难道不是吗？”

梅森和劳拉十分相似。他在一个公司的人力资源部工作，两年来一直表示要为求职人员制作一个视频短片系列。我和他一起将整个计划划分成了具体环节，并起草了分步行动计划。梅森的老板对这个想法相当认同，但是并没有催促他赶紧实施，而梅森也确实没有认真执行。为什么呢？虽然梅森有非常不错的想法，但是他却不想具体执行。当别人询问他为什么不去执行自己的想法时，他表示自己只是喜欢构思，然后向别人谈论这种为自己带来荣誉的计划。不过，他希望从构思一下子就跨越到完成后登台领奖的阶段。如果不能确定自己一定能让同行刮目相看，他宁愿只停留在梦想阶段。

梦想可能转变为怪物

如果一个梦想总是不能得到执行，一段时间之后就会变成怪物。到了一定时间，这个梦想就会变成失败的化身，不断出没在你的脑海之中。具有讽刺意味的是，你所担心的失败几乎是注定要发生的，这并不是因为你采取行动之后会犯错误，而是因为你根本没有采取行动。这就是为什么每一个具有执行力精神的人对于梦想都有同一种观点。他们拒绝永远停留在童话故事结尾所说的“从此他们便过上了幸福快乐的生活”的想象阶段。相反，他们关注的焦点是实现目标所必需的极其真实的工作过程。

对于失败的恐惧可能也来自一个我们不太容易想到的源头——我

们自己的支持团队。因为我们认为最亲近、最珍爱的人最关心我们的切身利益，所以当他们说我们进行新的尝试不会产生任何好的结果时，我们就会特别在意。如果他们认为我们的尝试前景暗淡，就会忧虑起来，非常认真地听取他们的意见。在他们的批评下，我们也会心生疑虑，所以完全忘记了问一问，他们到底有什么特异功能，能够预测我们的未来。

沃拉的故事充分说明了这一问题。沃拉家有一个会计师事务所，当她小时候第一次拿着得了高分的数学卷子回家时，家人就希望她将来在家族企业工作，做一个会计或者律师。2000 年 1 月 1 日，一向性格温顺的沃拉在吃饭时宣布，她不想学习税务申报课程，而是希望去社区大学学习饮食。此言一出，引起了轩然大波。

“我爸爸说：‘我们全家都是专业商人，没有一个做厨师的。’我妈妈说：‘你疯了！那种工作太可怕了，你在厨房里受到的是非人的待遇。’我哥哥说：‘你年龄太大了，不可能找到工作。’我姐夫说：‘那种工作根本不赚钱。你怎么供自己大房子的贷款呢？’我姐姐说：‘厨房里又热，油污又重，你的头发会打卷，皮肤会干裂。’”当沃拉向大家解释说她一直都想做一名厨师，他们说如果她希望做饭，随时可以为他们做，但是何必非要去做厨师呢？

沃拉不得不承认，每个人所说的都有几分道理。于是，那年她继续从事原来的工作，但是也买了很多烹饪方面的书籍自学。一天，当她和以往一样无聊地参加会议时，突然发现无论父亲说什么，参加会议的人都无一例外地点头称是，这让她感到非常担忧。于是，她耳边响起了一个炸雷——人们很容易变成驯服的绵羊。就在那一刻，她终于明白，所有人都希望其他人和我们想法一样，行为也一样。他们认为想法一致意味着安全与团结。

我受到的最有价值的一个忠告来自一位报纸编辑，他对我说，如果你想了解任何事情的本质，就要分析任何一条信息或者观点的最初本源。“好好分析一下那个本源，一切就会清晰明朗起来。”他坐在办公桌前，意味深长地对我说。当沃拉分析大家不约而同地阻止她改变职业想法的本源时，她发现了一个秘密，这个秘密极大地影响着她的决策过程。其实，她生活中的亲朋好友们并不关心她希望做什么，而是关心她“不想”做什么。她不想做的是毫无反抗地跟在他们后面工作和生活。

经过进一步调查，沃拉发现，她父亲其实以前希望做一名网球职业运动员，但是，他又想应该作一个“更理智”的决定选择自己的职业，否定了做网球职业运动员的想法。他作出了理智的选择，得到了经济上的回报，所以他认为沃拉也应该这样。她弟弟对工作很不感兴趣，最让他满意的是在地下室录音棚里工作。如果他能顺利地开展自己的业余爱好，沃拉为什么就不行呢？沃拉的私人顾问们谁也没有在厨房工作的经历，或者根本不想从事这一职业。所以，他们的意见并不科学全面，只是强烈要求沃拉接受他们所作的选择、认识和恐惧。现在，沃拉成了一家烹饪艺术学校的全日制学生。

个人备忘录

当人们对你表示忧虑时，一定要弄清他们忧虑的根本原因。如果你决定追求自己的计划时，如果有人告诉你可能发生的很多可怕后果，不要拐弯抹角地询问他们的理由，应该单刀直入，如果必要也可以带点咄咄逼人的味道："你怎么知道会有危险？"你会发现他们的理由根本站不住脚。大多数情况下，人们会说自己的一个朋友讲过他的一个朋友发生的故事，或者说自己在什么地方读到过什么资料。如果可以的话，你可以摇摇头说："为什么我要让一篇文章或者一个我不认识的人影响我的生活呢？再说，这个人的经历是不是靠谱还不一定呢。"如果你需要采取一个更加具有外交色彩的姿态，你也可以说："我会好好考虑考虑这个问题，然后再向你请教。"不过，说这句话时，你一定要特别强调"考虑"这个词。如果他们有亲身经历，你可以从中获取必要的信息，然后接着问："有没有可能其他人可以成功呢？"他们很有可能回答道："是的，但是……"接着，你们可以谈论一下这个"但是"的问题，然后说："我对这个问题的看法就是如此，没有什么可说的了。"正如作家埃德温·科尔所说："不要让别人为你创造你的世界，因为他们创造出来的空间总是太小。"

确保斗争对象是你自己的恐惧，而非旁人的忧虑

我们总是对自己充满忧虑。我们没有必要再接纳别人的忧虑，不管对方的出发点多么友善。如果我们要与恐惧作斗争，至少我们应该

确保斗争的对象是我们自己的恐惧。要实施执行力，就要进行变革，而变革总是具有一定的威胁性。就像一对生活不快乐的夫妻常常劝告你不要结束自己悲惨的婚姻一样，那些喜欢惹是生非、可能冒失败风险的人总是会让其他人感到忧虑。

具有执行力精神的人认为，在追求目标的过程中，出现一些失败是不可避免的。他们只是把失败看成暂时的挫折，而并非个人能力上有什么不足。相反，我采访的所有成功人士都非常喜欢自己追求目标的坚定性，即使由于自己考虑不周导致决策失误，或者无法控制的环境因素使自己遭遇挫折，也不会停止实施自己的计划。他们可以容忍挫折与障碍，但是绝对不能容忍毫无行动。

提示卡

- 如果你对于可能发生的失败极其恐惧，请牢记承认和接受错误永远比解释自己为什么没有采取行动要容易得多，即使向我们自己进行解释也是如此。
- 事实上，失败对我们的伤害远远没有我们想象的那样严重。我们总是夸大自己将来的感受。
- 当你采取行动时，你确实不能保证自己的梦想如美丽的童话一样能有一个非常完美的结局。但是，至少你有一个真实的故事与大家分享，不论是好是坏，它都是你真实的奋斗历程。这比你从来没有采取行动会让生活更有意义，更有动力。

练习

未来的来信

当我们回忆自己走过的路，尤其是在岔路口时我们所作的选择，都会禁不住想知道，如果我们作了不同的选择，结果会怎么样。今天，你又走到了一个新的岔路口。你是否还会继续坚持执行自己的想法，或者放弃?

为了帮助你进行正确决策，我在下面为你设计了两封信，是你五年后过生日时写给自己的。你可以体会自己将来的感受，了解坚持理想和放弃理想两者到底会产生什么区别。

我贯彻了执行力

亲爱的 ＿＿＿＿＿＿＿：

真是令人难以置信，从我第一次向你写信讨论我的目标计划已经过去五年了。我还记得，当初我还不清楚是不是真的可以实现这个计划，即 ＿＿＿＿＿＿＿＿＿＿＿＿＿＿＿＿。现在，我可以骄傲地告诉你，我做到了。

我还记得自己是如何将反对执行计划的理由一个个否定的。我过于 ＿＿。我认为，我没有理由不履行自己的计划。但是，不久便发生了一次重大转折。

我知道，五年之后，我就 ＿＿＿＿＿ 岁了（令人惊讶的是，现在我并不认为自己有多么老，根本不像原来想象的那样可怕）。我想，如果＿＿＿＿＿＿＿＿＿＿＿＿＿＿＿＿＿＿＿＿，五年之后过生日时，我会感到非常自豪；但是如果＿＿＿＿＿＿＿＿＿＿＿＿＿＿＿＿＿＿＿＿，我也会感到极为懊悔。

所以，从那一刻起，我计划先实施第一个阶段性计划。之后，我会不断实施其他阶段性计划，不论进展顺利还是不顺利，我都会坚持下去。尽管道路崎岖泥泞，但我一定要坚持到底。我一直相信自己的选择是正确的，之所以有这样一个信念是因为＿＿。

今天，我非常高兴，因为＿＿＿＿＿＿＿＿＿＿＿＿＿＿＿＿＿＿＿＿＿＿＿＿＿＿＿＿＿＿。我现在所做的事情真正让我充满动力，它们是＿＿。

当人们见到我时，总是想知道＿＿＿＿＿＿＿＿＿＿＿＿＿＿＿＿＿＿＿＿＿＿＿＿＿＿＿＿＿＿＿＿＿＿＿＿＿＿。那么，我的生活还有哪些方面发生了变化呢？其一，我已经不再是五年前的那个人了。我与自己的关系已经发生了变化。我在＿＿＿＿＿＿＿＿＿＿＿＿＿＿＿＿＿＿＿＿程度越来越低，在＿＿＿＿＿＿＿＿＿＿＿＿＿＿＿＿＿＿＿＿程度越来越高。此外，我和＿＿＿＿＿＿＿＿＿＿＿＿＿＿＿＿＿＿＿＿之间的关系也发生了变化，因为我＿＿＿＿＿＿＿＿＿＿＿＿＿＿＿＿＿＿＿＿

____。

五年前，我发誓要在这个生日时欢庆胜利，我一定要这样做。现在，我要为自己干杯，为了____而庆祝。

现在，我还要为未来干杯，让我实现更加美好的未来。

你最真挚的朋友。

我没有实施执行力

亲爱的__________：

你还记得五年前吗？我曾经有一个非常不错的想法____。即使现在，我仍然认为那是一个非常不错的想法。但是，我从来没有让它成为现实。当初，我觉得自己太____，而且________________________，所以不可能坚持实施。你问我是否后悔？有时，我确实责怪自己不应该____。

我认为，自己无须____

____________________，过一段时间事情就会自然而然地发生。所以，现在我感到____。

时间真是一个奇怪的东西。光阴飞逝，数年眨眼间已经过去，但是你发现自己仍然站在原地。如果我能够重新度过过去的五年，我会____。

现在，我仍然在做着____。而且，我也仍然感到____和____。我仍然满怀希望，等待着____，正如五年前所做的那样。

那么，在这五年当中，我学到了什么呢？我学到了____。

你最真挚的朋友。

后 记

关于本书，我必须交代一个事实。它的整个写作过程延续了数年时间，其间还有好几次特别想放弃，将它和其他一些没有完成的书稿一样丢进纸箱子。本书所讨论的每一个“难题”几乎都差点把我打倒。我曾经怀疑过自己的写作激情。当一位出版代理人建议我利用自己的研究成果写一本小说而不是本书时，我曾经连续数月徘徊和彷徨。我曾经怀疑过这种写作是否是对时间的最有效利用。我确实失去过写作动力。当我计划自费出版本书时，最初可以说两眼漆黑一片。我曾经考虑过这样做所需要的资金。我曾经多次到各个书店观察，思考自己是不是应该写作这样一个题材。

本书的内容并非全是客户实际工作中采取的行之有效的策略，还包含了我本人的心路历程。虽然我多年来一直帮助客户追求自己的目标，但是我们都知道，向别人提供咨询与建议比自己身体力行要容易得多。我的经历和各行各业的专家极为相似，很多经理人可以给其他任何人一个重新尝试的机会，但是唯独自己不能失败；很多会计师为客户服务相当守时，但是填写自己的纳税申报表时却常常拖延；很多催眠治疗师可以利用自己的技能为客户排忧解难，但是自己却常常失眠。

所以，如果你现在正在阅读本书，将是对我观点的最有利支持。如果你按照本书所讲的思路和策略实施自己的计划，你就一定能够成功。不过，对于每一个人来说，执行力的实施过程都不一样。但是，就像经典歌曲的某些词句会深深印刻在你的脑海之中一样，这些成功人士的智慧之语也在我的思想中扎下了根。

当生活极度忙碌时，我几乎一点时间也挤不出来坚持实施自己的写作计划。最后，我进行了调整，与自己约定每天在日记本上写下一个想法。当我因为不清楚这本书会花多长时间才能完成而变得烦躁不安时，我就会告诉自己，写作这本书并不像赶飞机，所以也就没有一时冲动在电脑中删除这个文件。每天早晨，我总要在心里默念几次自己的战斗口号“这次不行”，所以才阻止了自己在完成旅途之前弃船而逃的想法。我创作的“未来的来信”就是我的宣言。我有一张躺在棕榈树下吊床中读书的照片，我把“未来的来信”放进画框里，特地摆放在这张照片顶上。之所以这样安排，是为了提醒自己，不要总是希望悠闲地躺在吊床上读书，为了构思一个新的章节，我必须强迫自己盯着空白的电脑屏幕去写作。

根据我本人的实际经历，我知道即使你暂时不做任何事情，只是将这些执行力策略记在心里，至少你可以获得一些突破。回顾自己颇多挫折的人生经历时，我不免想起了二十多岁时自己亲身经历的一个小故事。当时，我有一台老式的电视机，总是时不时出问题。打开电源后，只有敲打某个合适的部位，才能正常显示图像。不过，敲一次能够奏效的情况十分罕见，有时需要一遍又一遍地不断敲打。为此，我专门在电视机旁边放了一只鞋子，以便唤醒这个总爱睡懒觉的家伙。一天，一位朋友到我家来看节目，我把鞋子交给他，说必须用它敲打才能出图像。但是，他偏偏不信邪，把鞋子丢开，专心致志地为我修理起来。四十分钟之后，他不得不沮丧地坐下来，盯着黑色屏幕好一阵发呆。当时，我不在场，因为我一直在修理房顶上的瓦。就在他希望观看的节目快要播放完时，他又捡起了那只鞋子。如果当时我明白盲目照搬别人的成功经验是不可取的，我就不会那样沾沾自喜地向他推荐那只鞋子了。无论如何，问题的关键是，一旦你知道有那样一只鞋子存在，你早晚会使用它的。

然而，有一个观点你可以作为自己的励志语录，那就是成功可以带来更多的成功。越过了一个障碍，你就会越过另外一个障碍。依靠执行力实现了一个计划，你就会利用它去完成更多计划。过去，我常常对某些客户完成一个目标之后能够特别迅速地开始下一个目标感到敬佩不已。现在，经过亲身经历我才明白，一旦你拥有了执行力，就绝对不存在半途而废的情况。完成任何一个目标后，你就超越了开始时的自我。

一旦你与自己签订了承诺，决心实施自己认为正确的选择，你就不可能再认为要实现自己的计划必须仰他人鼻息。这样，你就不会无谓地浪费时间，坐等馅饼从天而降，或者邮箱里会出现一份精准的操作手册。你知道，世界上永远没有理想的时间和环境，经过执行力心态的洗礼，你就会变成一个勇敢的探险家。你知道在执行计划的过程中肯定会有自己未曾预见的问题，但是你不会因此变得不知所措，因为你知道无论发生什么情况，你总能找到解决的办法。

在整个写作过程中，我一直分析自己是否具有足够的创作动力，我也建议你在追求自己目标的过程中，不时询问这一问题。就我来说，我希望将自己发现的执行力原理及相关证据告诉大家。它具有高度的可行性，可以促进理想的实现。当你面对怀疑和挑战仍然贯彻执行力时，你会更加自信，更加快乐。

我相信，每一位读者都会培养执行力精神，实现自己的梦想。阅读本书是你从建立理想到实现目标整个旅途的第一步。如果你将本书当做一张探险地图随身携带，你就可以不断前行。经过实现一个又一个微观目标，你就会发现人生旅程越来越有意义，得到的回报越来越大，而且你也可以有引以为豪的故事讲给他人听。当你实现了自己的目标，你就征服了所有的借口，以后再也没有什么困难可以阻止你前进的脚步。于是，你成了一名具有执行力精神的人。换言之，你就掌握了自己的人生命运。

附录 1：人生箴言

即使你记性不好，我也还是强烈建议你记住下面的内容：

执行力：对于没有执行力精神的人，最糟糕的就是什么好事或者坏事都不会发生。成功的反面并不是失败，这就是自然规律。

自信：自信是你与自己达成的一种承诺。你必须相信，自己追求的目标是有价值的，是正确的选择。至少，通过新的尝试，你的人生将更有意义，更加快乐。

知道一个目标是否值得追求：分析具体活动与你的兴趣和价值观的实际关系，是增强自信的最佳途径。

真理：真理是正确和符合逻辑的认识。任何一种认识都有一定的正确性和逻辑性。为了帮助自己找到符合自己实际情况的正确认识，你应该将真理理解为获取积极力量的源泉。

无意义性：除了你赋予它的意义之外，任何事物再无其他意义。如果一件事情对你来说是有意义的，那就是你追求它的全部理由。

选择：你面对的每一条道路都有“好”的方面和“坏”的方面。你选择哪条道路并不重要，重要的是当机立断，尽快行动起来。

激情：在制订一项计划并努力推动它实现时，任何人都不可能永远充满热情。然而，当你坚持执行一项计划时，你的热情就会越来越强烈，而不是越来越微弱。

没有感觉：在实施计划的过程中，即使你没有相关经验，你也要咬牙坚持下去。当你对未来感到迷茫时，你应该奉行“假装拥有直到真正拥有”的策略。

恐惧：当恐惧和疑虑对你没完没了地纠缠时，你应该变得愤怒起来。对于腐蚀战斗意志的恐惧和疑虑，你应该像空手道高手那样给它们雷霆一击，用自己特有的战斗口号压倒它们的嚣张气焰。当你对恐惧怒目而视，它就会像一条狂吠不止的恶狗一样夹着尾巴逃之夭夭。

时间：重新认真评估自己的日常工作安排，确定对哪些事情说“是”，对哪些事情说“不”。如果你认为自己实在没有时间贯彻执行自己的计划，请牢记你每一个小小的时间安排其实都是选择的结果。

精力：在制订目标计划时，要明确回答你是否愿意坚持到底。一旦作出了决定，就要一直坚持下去。之后，不要一遍又一遍地纠缠于这个问题。你已经作出了决定，现在的任务是实施每一个微观步骤，直至最后的胜利。在贯彻执行力的过程中，即使任何一个不起眼的微小行动都会给你增添前进的力量。

资金：要允许自己对有价值而又可行的计划进行投资。要知道，即使出现最糟糕的结果，即使你根本没有得到预期的回报，天也不会塌下来。而且，你还获得了很有价值的经验教训，如果善加利用，你必将获得更加美好的未来。

直觉：为了获得自信，向人们彰显信心与能力，你必须充分发掘直觉潜力。与他人交往过程中，为了清晰地把握对方的真实心态，你应该从自己封闭的思想中走出来，通过询问别人的所思所想、所欲所求，走进他们的内心世界。

缺乏导师：通过回想有生以来自己得到的各种赞许，获得的各种胜利，战胜的各种恐惧，塑造属于自己的执行力导师。也就是说，如果没有现成的导师，你必须利用各种影像，利用来自各方面的积极素材创造自己的计划向导。

厌倦：任何一项计划都会有相当烦琐的工作，所以你应该做好忍受寂寞的心理准备。不要因为厌倦当逃兵，因为逃避不能给你带来任何积极的效果，逃避就意味着你不想实现自己的目标。要有耐得住寂寞的决心，坚持下去，灵感必会出现。

缺乏耐心：当我们无力按期望实现目标时，就会失去耐心。征服烦躁心理的方法就是设定一系列易于执行的微观步骤，让我们顺利地向最终目标一步步靠拢。请记住，“耐心也是一种行动方式”。

失败：接受并承认失误比解释没有贯彻执行力更加容易，即使对我们自己也是如此。

附录 2：个人备忘录精简版

下面是精简版的个人备忘录，当你面对质疑或者彷徨无助时，可以利用它们机智反驳，巧妙处理问题。

- 即使你建好了自己的“梦幻之地”，客人可能还是不会光临。此时，你需要走出门去，把他们拉进来。

- 人们可能说，他们对你的了解甚至超过你自己。这不可能。人们可能知道你可能想要什么或者有什么感受，但是只有你自己才知道哪些东西让你真正动心或者让你心力交瘁。

- 对于那些总是要求你没完没了考虑自己的选择是否明智的人，回答只有一个：“唯一糟糕的选择就是不作选择。”

- 在执行力执行过程中，如果你总是否定各种措施的可行性，总能找到理由否定计划的实施价值，是幼稚的表现。这种行为就像小孩子玩的打地鼠游戏，虽然忙得不可开交，但是永远没有实质性的进步。对于这种心态，唯一的办法就是承认自己的计划确实存在着无可辩驳的负面因素，但是更要承认其中的积极因素。“你说得很对，大多数作家都不能通过写作赚很多钱，但是他们肯定在其他方面获得了珍贵的回报。”

● 当你感到非常彷徨时，最应避免的是不要被亲朋好友或者同事的意见所左右。因为他们在某个问题上可能还不如你专业，他们的观点很可能是错误的。所以，当你向一些非专家人士征求意见时，要将问题局限于计划的某一个方面所涉及的特别具体的内容。

● 如果你告诉人们你想尝试一项新计划，有人就会马上向你进行恐怖宣传：“哎呀，如果你执意这样做，可能有一千项可怕的灾难等着你，万一有什么不测降临到你身上，你怎么办呢？”为了尽快制止这种无休止的恫吓行为，你可以说：“如果那样，我就跳楼。”

● 宿命主义者常常说，如果你暂时搁置了一个计划，后来没有重新实施，那也是上天的旨意，说明这个计划根本没有再次实施的价值。其实，这是自欺欺人的谎言，只是为了安慰缺乏执行力引起的内疚罢了。随着时间的推移，你可能不再想继续实施原来的计划，但是这并不说明那不是一个好主意。

• 不要告诉人们你之所以没有执行自己的想法是因为他们占用了你太多的时间，没有人愿意为你的失败埋单。他们不会因此向你道歉，相反他们可能长篇大论地教训你一番，告诉你本该好好地规划自己的人生道路。

• 通过积极的想象，我们可以保持特别旺盛的精力。我们的思想特别容易受自我心理暗示和他人评论的影响。有些人似乎总是喜欢说你看上去非常劳累，面容憔悴，筋疲力尽，极度虚弱。为了保证自己拥有旺盛的精力，一定不要受这些“乌鸦嘴”的影响。对于这些讨厌鬼，你可以说：“啊，别担心，看起来憔悴的不仅我一个人。这是这里的灯光造成的，每个人看上去都有几分疲惫。”

• 当我们拿出大把大把的钞票购买跑车或者大屏幕高清电视时，很少有人指责我们乱花钱。但是，当你告诉他们准备投资一个计划时，很多时候他们会言不由衷地说声“祝你好运”。没有人愿意为了一项仅仅可能实现的计划取消购买一件实物商品，或者决定不再去地中海度假。为此，你应该问问自己：“哪一种选择可以帮助我实现未来目标呢？”

• 当你提出“如果……怎么样”的建议时，不要让自己或者任何人觉得你的问题很愚蠢。其实，很多新事物都是从提出一个“愚蠢”问题开始的。同样，不要让“那行不通”影响你。如果你从现实走出来，想象各种可能性时，你实际就在调动自己的创造力。

● 弱点和先天生理缺陷不一样，不可能伴随你一生。如果人们认为有必要，如果他们愿意，弱点是可以消除的，力量可以慢慢培养起来。你可能永远不能成为自己领域的世界级大师，但是绝对可以获得巨大进步。即使最笨手笨脚的人都可以学会滑旱冰，不会摔断骨头，而且越来越得心应手。

● 很多缺乏执行力精神的人非常喜欢鼓励你休息一下，暂时中止目标追求。如果你告诉他们自己感到厌倦，他们就会自告奋勇地拯救你。为了实现自己美好的未来，请不要为这些人打开你的房门。

● 设定实现目标的最后期限可以有效地推动你不断前进，让你充满工作动力。但是，最后期限绝对不能理解为：现在必须实现，否则再也没有可能；现在必须做成，否则必死无疑。如果一个最后期限不适合你的具体情况，就要适当修改。如果你过于执拗地坚持一个不现实的最后期限，你就是在为失败制订时间表。

● 一定要深入分析人们为你担忧的根源。当人们警告你执行计划可能遭遇各种可怕的问题时，你可以单刀直入地或者有点挑衅性地反问："你怎么知道会是这样？"结果，你会发现，他们赖以判断的基础根本是靠不住的。要求他们进一步深入解释。宗教作家埃德温·科尔说："不要让别人为你创造你的世界，因为他们创造出来的空间总是太小。"

End